女人宣言

我想和爱情谈谈

WOXIANG HE AIQING TANTAN

慕容莲生◎著

知识出版社

图书在版编目(CIP)数据

女人宣言:我想和爱情谈谈 / 慕容莲生著. 一北京:知识出版社,2011.5
ISBN 978-7-5015-6190-2

Ⅰ.①女… Ⅱ.①慕… Ⅲ.①爱情—女性读物 Ⅳ.①C913.1-49

中国版本图书馆 CIP 数据核字(2011)第 074541 号

选题策划　杨　静　方模启
执行策划　赵海霞
责任编辑　杨　静　张　微
责任印制　张新民
封面设计　零三一五艺术设计
装帧设计　张金花

知识出版社出版发行
地　　址　北京市西城区阜成门北大街 17 号
邮政编码　100037
电　　话　010-88390732
网　　址　http://www.ecph.com.cn
印 刷 厂　北京彩虹伟业印刷有限公司
开　　本　1/16
印　　张　13.25
字　　数　185 千字
印　　次　2011 年 5 月第 1 版　2011 年 5 月第 1 次印刷

ISBN 978-7-5015-6190-2　定价:26.00 元

目 录

引言：每个女人去往幸福的路上都有一盏灯

香港作家张小娴在一篇文章中这样写道："想不到送什么特别的礼物给你喜欢的男人，我会提示你送他一盏床边灯。一盏灯，只要换个灯泡，就可以用一辈子。"

在这篇文章的结尾，还有这样一句话："听说，收到灯的人是幸福的。"

一盏灯，的确是个好礼物，无论谁收到都会感到欢喜。因为它能在最冷的地方制造温暖，给幽暗的角落带来光明。

如果没有灯，这个世界该有多冷多寂寞。就像春天无花草、夏天无绿树浓荫、秋天失去金黄田野、冬天没有皑皑白雪。

张小娴说："送他一盏小灯，因为他是你生命的光源。自从有了他，你看到了世界最美好的一面。"

我想，其实女人也是一盏灯，是男人生命的光源，也是这世界的光源。如果没有女人，这世界该有多冷，男人该有多寂寞？

想想看，女人的一生多像一盏灯。这盏灯把前半辈子的光热给了男人，后半辈子的光热给了孩子。女人一生的故事，都在这盏灯里散发着温暖的女性柔光。只是，很多女人都忘记了留一些光热给自己。

她们活着，似乎就是为了付出，所以温柔、贤良、忍耐。她们只想做一个好妻子、一个好母亲，是中了"贤妻良母"这四个字的毒吗？

或许她们都不曾想过，在成为好妻子和好母亲之前，她们应是一个好女人。这里所说的好女人是指能将自己照顾得很好的女人，优雅、美丽、幸福，像一盏灯一样放射出美丽的光辉。

是的，女人要先爱自己，照顾好自己。这与自私无关。试想，一个不爱自己的人能很好地去爱别人吗？即使能，想必也是愚爱吧。只有爱自己的人最懂得如何去爱人，如果一盏灯有心照亮别人，却因不能照顾好自己而轻易被风吹灭，它怎么去发光发热呢？

我们都应具有爱的能力，而这能力往往是从爱自己开始。女人爱自己，使自己更优雅更美丽，才能赢得更多的爱。

要照亮别人，首先自己要有光。女人想着给自己心爱的人幸福，首先自己要是幸福的才好。

如何才能成为一个幸福的女人呢？

那就在成为别人的幸福之前，先为自己挑一盏灯吧。这盏灯的灯芯是爱自己，灯油是爱情、亲情和友情。这盏灯并不需要多么华丽，却可以令女人的一生更加欢喜和丰盈。

在去往幸福的路上，或许路口常有红灯或黄灯亮起，这都很寻常，完全不必心生焦虑。短暂的等待是为了补充体力，绿灯终会亮起，你终会走向幸福。

希望这本书也是一盏灯，指引你通向幸福。

收到灯的人是幸福的。

第一章 黄灯篇

学会爱自己，做好恋爱前的幸福功课

灯下诗话：生活就是一场接一场的等待

约客

（宋）赵师秀

黄梅时节家家雨，青草池塘处处蛙。

有约不来过夜半，闲敲棋子落灯花。

在谈论爱情、生活和幸福之前，先品读一首诗。

在南宋某年某个夏夜，梅雨纷飞的江南。诗人赵师秀约了朋友秉烛夜话，挑灯下棋。他从掌灯时分一直等到夜半，朋友还是没来。

窗外雨打芭蕉。雨水落在屋后的青草池塘，激起蛙声一片。诗人听着雨声、蛙声，手拈棋子轻轻敲打棋盘，灯花一朵又一朵地落下。

或许，朋友到底没有来。或许，到后来诗人都忘记在雨夜静坐是为等候朋友。听雨一滴又一滴落在芭蕉叶上，听蛙声一阵又一阵在青草池塘里宛如潮鸣，他怡然坐着，享受这个独处的美妙夏夜。

一城雨声，一夜清静，半宿等待。

生活就是一场接一场的等待。幼年时等待大人买来心爱的玩具，等待长大；少女时等待第一双高跟鞋、第一支口红、第一场爱情；成年后有更多的等待，比如，等待幸福婚姻、美好家庭、成功事业。

爱情的最初是等待。渴望有一份美好的爱情，然后用一些时光等美好爱情到来。

在等爱的过程中，有的人左等右等都等不来，渐渐心灰意冷，索性随便和一个人胡乱开始一段感情。开始是胡乱，结果当然少有齐整，多是悲伤终弃。

有的人则心气平和，静默而闲逸地等。爱情来，欢喜迎接。不来，就在灯下坐着，或观照内心，三省己身；或读读诗书，修身养性；或闲敲棋子，静看灯花。

那一盏灯，以耐心为灯油，优雅为灯芯。

女人要时刻保持矜贵、耐心和优雅。渴望爱情，等候爱情，但不盲目投入感情，这样才能收获男人的爱。

那盏灯是什么颜色？暖黄色。

就像十字路口的黄色交通灯，黄灯亮了，就请行人们等一等。爱情尚未来临，公主仍需等待。戒骄戒躁，短暂等待是为更顺畅地前行。

1. 单人房里的"盛女"也可以生活美好

你愿意承认自己是"剩女"吗？

近几年，"剩女"这个词很流行。

身边有一些单身女子，她们很勇敢地赶时髦，人前人后宣称自己是"剩女"。问她们为何这样称呼自己，有人自嘲地笑笑："明摆着呢，没有男人，剩下来了！想不承认也难啊，舆论不允许。"有人却很骄傲："我这样说其实是给自己做广告呢，提醒有情有义的男人赶紧放马过来，姐们等着！"

其实，谁真的愿意戴上一顶"剩女"的帽子呢？

自嘲的人可能嘴上很骄傲地调侃，心里却是苦涩的。不过也真没办法，流言猛于虎，只要你年龄老大不小了，而且还是单身，管你承认不承认，一番舆论后你就是"剩女"。

听说"剩女"也是分级别的，就像围棋的专业段位从低到高分为九段一样，有好事者将"剩女"分为三个级别：

初级剩女为"剩斗士"，年龄在25岁～27岁之间。虽说摊开掌心看看青春已经所剩无几，但还有很多机会和勇气为寻找另一半而奋斗。

中级剩女为"必剩客"，年龄在28岁～29岁之间。这样年龄的"剩女"往往在职场上都能够独当一面了，也正是因为忙于事业，才导致她们无暇分身去张罗爱情或婚事。

30岁～34岁的高级剩女称为"斗战剩佛"。就像孙悟空陪唐僧去西天取经，历经九九八十一难，劳苦功高，她们在职场上无论如何都算是成功人士了，偏偏爱情颗粒无收，依然一个人寂寞地生活。原因往往是她们年岁偏大，另一半相对来说更不好找，或是她们要求太高。还好她们已看透爱情，明白缘分可遇不可求。当然，不能排除其中有一部分人是慌了手脚的，表面上不动声色，心底却是凄凄惶惶。

"剩女"的日子不好过。她们一方面对爱情依然怀有美好的憧憬，不愿意随便找一个男人凑数，担负着认真挑选如意郎君的重任；另一方面还要承受来自父母、朋友及舆论的压力。

其实，这些所谓的压力并没什么大不了，重要的是在压力面前摆正姿态。

姿态决定了一个人将成为怎样的人，和什么人在一起，走怎样的路，过怎样的日子。

是"盛女"而不是"剩女"

你承认自己是"剩女"了吗？

如果你肯承认，那你慌张吗？会不会慌不择人？就像一个饥肠辘辘的人，不管食物是否对自己的胃口都吃下去。又像是一个寒冷冬日里衣衫单薄的人，冷到招架不住的时候，随便破絮或者烂棉都会披在身上御寒。

但是，感情空白和饥寒交迫到底不一样。感情是没有办法敷衍塞责的，喜欢就是喜欢，不喜欢无论如何都没有办法调动情绪去装出欢喜的样子。

女人在感情上是应该有洁癖的，用挑剔的姿态去等待以及选择那个最对的人。

当然，挑剔不是说就要苛求责备，不切实际地在细节上找寻男人的缺点，而是根据自己的实际情况进行选择。假如你有张曼玉的修为，那就应该保持张曼玉的姿态。网络红人凤姐之所以为大众所诟病，是因为她要求实在太高，太不切实际，尽显狂妄姿态。就像一个活在云端的人，注定要浮云一样飘来荡去，或者某天狠狠地跌下云端，摔痛了，清醒了。

《孙子·谋攻》上说："知己知彼，百战不殆。"挑剔之前请先清楚自己的优劣之势，然后有所侧重地对症下药，选择适合自己的，选择自己想要的。

如果你不愿意甚至很厌恶被人称为"剩女"，很好，我为你的清醒鼓掌。

这世界上没有所谓的"剩女"。你不是不想恋爱、不想结婚，只是还未遇到对的人，只是恰巧单身。

即使早已到了婚嫁年龄，却还孑然一身，那也算不得是"剩女"，你只是一个对爱情与生活有追求的人。你是"盛女"，而不是"剩女"。

盛女和剩女，一字之差，意义却有天壤之别。

著名影星杨采妮有一次接受记者采访，在谈到单身这个问题时，记者问她是否认为自己是"剩女"。杨采妮莞尔一笑，反问记者："请问是'丰盛'的'盛'吗？"她说她想做"盛女"，觉得人生就是要活得丰盛，最重要是要开心。

真是一个优雅又智慧的女人！

无独有偶，80后女星小宋佳也很享受做"盛女"的感觉。她认为"盛女"是盛开的玫瑰，是纯洁和成熟的结合。而"剩女"呢，问题一大堆，一个"剩"字就尽显歪瓜劣枣之态。事实上，在现实生活中，大龄又单身的女人多得很，她们喜欢穿牛仔裤、T恤衫，喜欢聚会、健身、上网聊天，心态年轻又健康，大多活得有滋有味，很少有"被剩下"的焦躁感和自卑感。

是的，哪有什么"被剩下"，有的只是不肯将就。

与其随便找一个男人恋爱结婚，过乌七八糟、哭天抢地的日子，还不如一个人清清爽爽、自由自在地过单身生活。

还有人提出了"胜女"这个概念。说女人首先要在心理上战胜自己，用一种强势的姿态去面对单身这个问题。自信固然好，但女人太强势并不好。谈情说爱又不是打仗，哪有什么胜利或失败？有的只是适合或不适合罢了。

最要紧的是要做"盛女"，像盛开的玫瑰一样纯洁而成熟，人生就是要活得丰盛，活得开心。

黄灯亮了等一等

歌手萧亚轩有首歌叫《类似爱情》，其中有句歌词是这样的："我在过马路，你人在哪里？"

生活多像过马路，有绿灯，有红灯，有些路口还会遇上黄灯。绿灯行，红灯停，黄灯亮了等一等。

爱情是生活的一部分，自然也有红黄绿灯。

遇见对的人，开始一段美好爱情、幸福生活，这是绿灯行。

可是，生活的海洋中难免会有暗礁。共同生活一段时间后，也可能蓦地发现先前以为对的人其实并不是自己想要的，他有许多你不能容忍的缺点。也可能他突然变了心，或是其他另一些彼此都无法妥协的原因使你们不得不分开，这就是人生路上的红灯了，你不得不停下来。

更多时候，或许遇见的会是黄灯，要用很长很长的时间去等一个对的人。

等待的时间里虽然会有家人和朋友陪伴，但生活毕竟是自己的，人生路要自己走，大多时间是一个人住在单人房里做着双人床的梦。

我有一个朋友，是个容貌并不漂亮但娴熟优雅的女子，因为优雅，所以美丽。是的，漂亮并不等于美丽。漂亮更多的只是彰显了外观上的精致，就像一个花瓶，往往空有其表；而美丽却不同，美丽源于内心。心是丰富而智慧的，人就是美丽的。

直到26岁，她都还没有开始自己的初恋。不是没有男子追求，而是她有一颗挑剔的心，不愿意随便开始一段感情。在她看来，那是对自己不负责，也是对追求她的人不负责。如果不喜欢，就不要和他恋爱。

一开始我并不赞成她的感情态度。感情是奇妙的，如果不去尝试，又怎会知道那个人不是自己想要的呢？

不过我很赞赏她对待单身的态度。单身岁月里，她读书，学插花、茶艺，一个人四处旅行……日子过得有滋有味。好几次去她家，都见她坐在窗下一针一线地绣着十字绣，细致、耐心，看起来平静而安详。

我曾冒昧地问她："你是不婚主义者吗？"

"当然不是。"她说，"哪个女人不想嫁人呢？"

"但你看上去一点儿都不急躁，甚至还很享受单身生活。"

"急躁有用吗？"她这一句反问使我心生羞惭。好吧，我问了一个蠢问题。

她说："每个女人首先要拥有的或许不该是恋爱的能力，而是让自己快乐的能力。快乐能靠别人施舍，或者靠所谓的爱情、婚姻、男人给予吗？当然不能。女人要自信才好，每天都活得像花儿一样，爱情还会远吗？"

最后，她还说了一句让我惊叹的话："我很享受这等待的过程。如果有一天真的遇见了喜欢的人，我一定要告诉他，为了等他我用了多少时间。你不觉得这很有趣吗？"

是很有趣。这种等待的态度优雅又智慧。

当年，著名女作家铁凝去拜访冰心老人。老人问："谈对象了吗？"铁凝回答："还没有找到。"老人说了一句意味深长的话："不要找，要等。"

是的，不要找，要等。谁的人生路上没有几盏黄灯呢？倘若你不愿意等待，非要冲过马路，结果谁能料知？若不发生意外之事还好，万一发生了呢？

懂得爱自己的女人最幸福

耐心等待是一种优雅的态度。

千万不能因为自己被人封为"剩女"就乱了阵脚，是"剩女"还是"盛女"不是别人说了算，而是由你自己的姿态决定。

愿意为爱等待的女子是智慧而优雅的，更是懂得爱自己的。懂得爱自己的女人最幸福。

要始终坚信，你值得拥有这世上最好的爱情，那个对的人就在下一个路口等你。

暂时没有爱情，不是因为你不够好，很可能是你太优秀了，他胆怯，怕配不上你。这样缩手缩脚、胆量小的男人不要也罢，不必放在心上。

最糟糕的情况莫过于随便把自己托付给一个不值得的男人。一旦与他共同上路，就像骑上老虎，想下又下不来，那才是最糟糕的。

某网站曾就"剩女"们被剩下的原因作了个调查，结果如下：

85%的女子因等待一份心动的爱情和一个心仪的男人而单身；10%的女子为了能够钓到金龟婿、过锦衣玉食的生活，利用单身这份自由东挑西拣；另有3%是被爱情伤透心，不愿再谈感情；仅2%想尽快嫁掉，对男方要求浅之又浅。

从调查问卷里你也看出来了，哪里有什么"剩女"呢？那些单身的女子，大多是因为尚未遇见心动的爱情和对的人。

的确，哪个女人不渴望一份浪漫的爱情呢？又有哪个女人不想遇见一个好男人？两个人彼此看着顺眼、相处舒服，从不强迫对方为自己改变什么。你有你的棱角，我也有我的，但两个人却如两个齿轮一咬一合，生活美满幸福。

我很喜欢日本女作家高木直子的《一个人住第五年》。一个人住的单身女生，过着简朴恭谨的生活。她把房间布置得整洁可爱，每天为自己买几束花插在花瓶里，令孤单的房间春意盎然。整个人快乐而知足，寂寞又美好。

单身有什么可怕？只要你懂得爱自己。

生活的真谛不是整日思考如何费尽心机去取悦别人，而是取悦自己，爱自己。

懂得爱自己的女人最幸福。哪怕你没有荡气回肠的爱情，没有锦衣玉食的生活，只要你的心是平静而安详的，你就是幸福的。

愿你懂得并学会爱自己。愿你有一颗平静而安详的心。愿你是一个生活丰盛、优雅随和的"盛女"。

2. 想幸福就只和喜欢的人谈情说爱

她是清爽的，他是浊臭的

现在我们来谈谈幸福"盛女"的另一面：如果有人来追求你，但是你不喜欢他，怎么办？接受他，试着磨合，盼望能够日久生情，还是说不喜欢就是不喜欢，委婉但又坚决地拒绝他？

想必不少单身女子都曾遭遇过这样的问题。

有人说，皇帝的女儿不愁嫁。其实不单是皇帝家的，所有人家的女儿都不愁嫁。《红楼梦》中那个从小在女儿堆里长大的"似傻如狂"的贾宝玉，说过一句流传甚广的话："女儿是水做的骨肉，男子是泥做的骨肉。我见了女儿便清爽，见了男子便觉浊臭逼人！"

女儿是水做的，清爽；男子是泥做的，浊臭逼人。清爽谁不想要？浊臭却是一个难题了。这也很好地诠释了那句俗话："没有嫁不出去的女人，只有娶不到老婆的汉子。"

哪里会有嫁不出去的女人呢？只看她愿不愿意嫁。

什么叫"嫁"？一个"女"加一个"家"就是"嫁"。嫁给他，是因为爱他，期望和他组成一个温暖的家。不爱他又怎会有温暖之心？没有温暖的家还能称为家吗？

简而言之，遇见心爱的人就嫁给他，不爱的人嫁给他做什么？甚至连恋爱都不要和他谈。

爱是相互温暖，如果不能就不要去爱

歌手郑钧在《极乐世界》中这样唱："我们活着也许只是相互温暖，想尽一切办法只为逃避孤单。"

是的，活着是一个寻求温暖的过程。而爱情则是贴近温暖的一种方式。

有一部电视剧叫《靠近你，温暖我》。在这里，我们不谈论这部电视剧的剧情，单说剧名。

靠近你，温暖我。有时候这是开始一份爱情的最好理由。

你没有这样的经历吗？或者说，你身边没有这样的事例吗？

一个女人，她可能并不爱某个男人，但是她喜欢那个男人给予她的温暖。他宠她，想尽一切办法讨好她。女人爱这份被宠的感觉，心想，姑且和他在一起吧，试试看，或许日久生情也未可知呢。于是，一段所谓的爱情就开始了。

她真的没有料到，爱情不是培养出来的。爱情就像一个说一不二的固执老头儿，不喜欢就是不喜欢。

是的，男人很听话，女人皱皱眉头他马上就慌了手脚，费尽心机去讨好。冬夜里，她说想吃西瓜，他跑了大半个城市一家店铺一家店铺地寻找，千辛万苦地买来西瓜，却又不放心让她就这样冰凉地吃下去。他小心

地问她："我给你煮西瓜粥好不好？"

他笨手笨脚地在厨房里忙碌，小心翼翼地煮了两碗味道还不错的西瓜粥，自己却不吃，只捧给她，看她慢慢地吃下去。然后孩子一样眼巴巴地望着她问："好吃吗？"他想得到的不过是一个表扬，哪怕只是一个简简单单的"好"字。

她感动了，背过脸去落下泪来。他真好啊，她想。

但是，为什么他对自己越好自己反而越感到难过呢？因为她不爱他，无论他付出多少，她都没有办法爱上他。

他的好是她的负担，他越好她越愧疚。没有办法，他是认真的，她是敷衍的。她也知道自己不会和他结婚，这样下去对他太不公平了。

她的敷衍成了自己心头无法宽恕的罪。

终于，她说："我们还是分手吧。"

这是多残忍的决定。他都不知道自己哪里犯了错，她还是坚持分手。分手可能会伤害他，可是如果不分手，却是对两个人的残忍。

原来，和自己不爱的人谈恋爱是不会快乐的。

只有靠近喜欢的人，靠近一个自己心中很爱的人，才能感受到温暖。对于一个不爱的人，靠近，其实是为自己凭空添麻烦。

同床异梦是这世上最悲哀又荒唐的事情

接受一个人的爱，接受他给你的温暖，总得回报一些什么给他吧。你不是铁石心肠，也并非草木，又怎会无情？接受了他，自然也会想着回报一些爱给他。

可爱情却是没有道理可言的，每个人从来都只把爱和温暖给自己最爱的人。

在一份感情里，如果只有一方付出，只有一方燃起熊熊烈火去温暖对方，这不是爱情。爱情是相互温暖，相互爱。两情相悦才是相爱。

不爱他，就不要和他开始一段感情。虽然你喜欢被宠爱的感觉，但他并非你的父亲，没有理由给你不求回报的爱。一个男人，尤其是一个忠厚的男人，在追求一个女人的时候肯定是期望与之结婚生子过一辈子。在面对追求的时候，请问问自己的心：你能同他结婚并一起走完未来的人生吗？若是不能，接受他比拒绝他更加残忍。

谁都不应该为一己私欲去开始一段感情，那是不负责任，更是不道德的。更重要的是，你不会得到真正的快乐。所谓同床异梦，大抵就是这个意思。

同床异梦是这世上最悲哀又荒唐的事情。哪怕这场梦暂时披上了爱情的外衣，当扯下这件外衣的时候，你能看到的只是悲凉。梦做得越长，你心上的伤口越大，越痛。

任何时候都要记得，爱是相互温暖，如果不能温暖对方，就不要去爱。

3. 不要去爱一个正承受失恋之痛的男人

聪明女人干的傻事

有一个朋友干了一件蠢事，她居然和一个刚失恋的男人谈起了恋爱。

她其实并不喜欢那个男人，但也并不十分讨厌他。那个男人曾经花很长的时间和精力追求她，可惜她一直不为所动。后来那个男人和另外一个女子谈起了恋爱。

忽然有一天，她带着那个男人来我家玩，向我介绍："这是我男朋友。"那个男人站在她身边淡淡地笑着，看上去是快乐的。可倘若仔细观察，会发现他的快乐里隐藏着哀愁。

我悄悄地问朋友："你不是不喜欢他吗，怎么现在又跟他谈起恋爱来了？"

她叹气："他和原来的女朋友分手了。"

"他和女朋友分手，跟你们恋爱有什么关系？"

"是我造成了今天的结果。你知道，当初他追求我，我没有答应，他就和别的女人恋爱了。但是他不爱她，更要命的是那个女人发现他心中其实一直放不下我，谈了一段时间终于分手了。我不忍心看他这样消沉下去，就接受了他。"

我听后大吃一惊。这个聪明的女子怎么做了这等傻事？因为可怜他，所以接受他？爱情是怜悯吗？肯定不是！

后来她和那个男人倒还真的过起了看上去很快乐的生活。如果故事能就此发展下去，这段感情是应该得到美好祝福的。

可是比电视剧情节更为离奇的是，那个男人最终抛弃了她。

一开始他追求她，她不爱他；然后她怜悯他，强迫自己接受他；最后他却另结新欢，抛弃她。

他给了她分手的理由："你没有我想象中那样好。至少你不如我现在的她，她才是最适合我的，我想和她结婚。"

呵，这样的男人，真要命！

神都不能拯救他失恋，你也不能

仔细想想，这都是那个男人的错吗？并不全是。

有时候感情就是这样，你远远地望着一个人，心生欢喜，认为这个人是最适合自己的，想方设法去追求。得到后一起生活，终日柴米油盐酱醋茶，每天同床共枕，你的鼻息和着我的鼻息，却也就出现问题了：这人怎么如此陌生呢？两个人的思想和生活方式，原来是这样不同。于是越爱越陌生，越在一起越难过，分开就变成了自然而然的事情。

更何况，在我这个朋友的故事中，两人开始恋情，是在他失恋之时。

在这场恋情中，我的朋友犯了两个错误：第一，她接受了一个自己不爱的人，关于这一点的不妥前文已经说过；第二，她接受的居然还是一个正承受失恋之痛的男人，单这一条就注定了他们的感情难以结出甜蜜的果实。

很多时候，失恋的人就像一个溺水者，如果能有一个救生圈，甚至只是一根稻草能够帮自己活命，就会不顾一切地扑上去，以帮助自己摆脱困境与痛苦。

但溺水者被救上岸后，晒干了衣裳，心头的惊恐也逐渐消散，他自然要重新开始赶路。终于有一天，他发现她其实不如自己想象中那样好，而上一次的失恋之痛经过时光的磨洗也已渐渐结痂。如果在这时，恰巧又出现了一个他认为对的人，他当然要抛开现在的一切，去追求自己心目中的幸福。

我亲爱的朋友，那个反反复复的男人的确有错，可更大的错却在你啊！

本来就不爱他，却因为他失恋就和他一起生活。你以为你是神吗？你想用自己的爱来拯救他，温暖他？退一步来说，如果你爱他，不忍看他狼狈不堪，想着救他于水火之中，倒还罢了。本来不爱，又勉强自己去恋爱，这唱的又是哪一出戏呢？

爱上失恋的男人，最后失恋的可能就是你

任何时候，任何一个女人都要清醒：不爱他，就不要和他在一起，不管是为了什么理由，哪怕那理由听起来很高尚。除非你已经做好了受伤的准备。

更不能去爱一个正在承受失恋之痛的男人。小心你只是他的救生圈、他的疗伤药，等他上岸了、伤愈了，承受失恋之痛的人可能就换成你了。

等你失恋了，谁会来拯救你从水深火热中脱离？

很多人都患有"围观病"。他们特别热衷于见别人活得灰头土脸，然后打着安慰的幌子来和你交谈，其实不过是想套问你的悲伤有多深。你越难过，他们兴许就会越开心。

这不是在怀疑人们的善良，"围观"本来就属人的劣性之一，鲁迅先生在他的文章中多次强调过这个问题。"人之初，性本善"，但也有劣性的一面。这个事实可以宽容对待，但不能忽视。

你笑，全世界都跟着你笑；你哭，全世界只有你一个人哭。

不过，是哭或笑，都是你自己造成的。先前种下种种的因，才结得今次的果。

如果你想要自己快乐一些，凡事要三思而后行，尤其是男女感情，更不能马虎。

4. 你懂得拒绝你不爱的男人吗？

当断不断，反受其乱

前面说过，不要和自己不喜欢的人谈情说爱，也不要去接受一个正承受失恋之痛的男人。这中间有个问题不容忽视，就是你可以不接受，但不能阻止他来表白。当他来表白的时候，你怎么办？

面对感情，一定要清醒。不爱他，就拒绝他。

在生活中，不懂得拒绝的人往往要吃很多苦头，爱情上更是如此。别人有权利喜欢你、追求你，而你也有权利不喜欢他、拒绝他。每个人都有权利追求自己喜爱的，拒绝自己不爱的。每个人都有这样的权利。因为爱情是自私的。

说爱情是自私的，或许有人不认同。爱情原本就是很私人化的体验，只有身处其中的人才知道个中滋味。

如果你可以有更好的方式成全自己的幸福，又何必委屈自己去接受一个不喜欢的人呢？花费那么多的时间，逼迫自己一再忍让，放弃原本的自己，努力去变成一个自己一点儿都不想成为的人，这不是爱自己的表现。

爱人，首先要从爱自己开始。你把自己照顾好了，你是欢喜的，你笑着面对这世界，也只有这样，遇见你并和你相处的人才能如沐春风。

一个连自己都不爱的人，谁相信她能给别人很好的爱？

一个连自己都不爱的人，别人又怎会爱上她？

幸福从爱自己开始。

拒绝自己不想要的，这是爱自己的表现之一。

拒绝的学问

面对爱情，任何人都有权利自私。

他再爱你又如何，你不爱他，就可以微笑但坚定地告诉他："谢谢你爱我，但是我不爱你。"你的态度要坚决，要让他知道，爱情是一件两情相悦的事，一厢情愿徒增烦恼。就像冬日里在原野上烤火，熊熊篝火能温暖的只是你面对火的那一半身体。这样的温暖虽然也很难得，但你不能一直停留在那里，不能认为这就是自己一辈子的幸福。想想吧，和在门窗紧闭、火炉温暖的房间比起来，到底哪里更能让你温暖，让你幸福？

如果你选择凑合着停留在旷野燃火取暖，不再前行，那你就会错过一个有火炉的房间。

当然，拒绝也是一门学问。

有智慧的人懂得委婉而得体地拒绝。

人是好面子的动物，拒绝别人总要讲点儿技巧。太生硬的拒绝会伤到对方的自尊，也在一定程度上表现出你的不智慧。

拒绝的方式有很多种，因人而异。

比如，你可以装聋作哑。他对你示爱，你就顾左右而言他："啊？什么？你不知道我不是地球人吗？其实我来自遥远的外太空，可能是火星。对，就是火星。你看我多糊涂，连我来自哪里都忘记啦。爱上一个糊涂的女人其实是一件很危险的事，尤其她还来自外太空。地球人，醒醒吧，有一天我会离开的。"

他又不是傻子，怎么会听不出你的弦外之音呢？

你还可以和他称兄道弟："哥们，你搞错了，我是一个男人啊。别看我穿红着绿的，其实我有一颗男儿心。知道电影《霸王别姬》中的程蝶衣吧，那家伙是男人身女儿心。我和他恰恰相反，我是女人身男儿心。你怎么可以爱上一个男人？当心别人对你另眼相看哦！为了不使你为难，我们还是做兄弟比较合适。"

如果实在想不出更巧妙的理由，那就搬出你的父母："我家的家教很严的，爸妈交代了，××岁之前不许谈恋爱，和男生只可以有友情不可以有爱情的，否则他们要和我断绝关系呢。没办法，他们太爱我了，就霸占我的青春，要我多陪他们几年。男人娶了媳妇往往忘了娘，其实女人也一样啊，有了男朋友或老公也会忘了爹娘，所以他们现在不许我谈恋爱。你不信？那我带你去见我父母好了，如果他们同意咱们恋爱，咱就开始，好不好？"当然了，你父母肯定也会和你站在同一战线的。

方法有很多，但因人而异，不能一概而论。面对问题，只要你肯想，总有合适的解决方案，总有理由让你和他都不尴尬。

坚决而委婉地拒绝他，给他也给自己找个台阶下。做不成恋人，还可以做朋友。

你可以很自私地捍卫自己想要的爱情，拒绝自己不爱的人，但拒绝时要给对方留足面子，莫伤害了对方的自尊。你走你的阳关道，也留一条平行的阳关道让对方去走。一笑了之，皆大欢喜。

这就是拒绝的学问。

有时任性很必要

最重要的一点你得记住：不要和一个你不喜欢的人谈恋爱。

喜欢是一个相互吸引的过程，只有喜欢，你才会接纳他，才愿意去了解他。喜欢也可以算得上一种态度。你知道的，态度决定一切。所以，在爱情里，喜欢一个人是生活的原点，是爱情的敲门砖。

请记住，你可以任性地去喜欢一个人，也可以任性地不喜欢一个人。每个人都有这样的权利，这也是面对生活所需要的最实在而淳朴的东西。

不喜欢他，就大大方方、坦坦荡荡地拒绝他。

不要拖拖拉拉，不要纠缠不休。人生本来就是那么几十年，干耗着对谁都没有好处。《史记·齐悼惠王世空》中这样写道："当断不断，反受其乱。"谁都不必勉强自己委曲求全，在爱情中，"委曲"并不能成全什么。

放开不喜欢的人的手，这是追寻爱和幸福的开始。

5. 取悦自己，不要刻意讨好男人

你懂得取悦自己，男人也来取悦你

常听见有些女子这样说："我男朋友喜欢我留长发，没办法，只好留起来呗。其实我倒是喜欢短发，干练，也方便。"

也有女孩子说："我暗恋的那个男人喜欢娇弱型的女孩儿，为了引他注意，我就天天不吃午饭，在电梯里遇见他就故意装出体虚气弱的样子。这一招儿还真管用，他以为我真是'林妹妹'呢，都开始主动约我了。一起出去的路上，他嘘寒问暖的，真体贴！"女孩子话锋一转，叹了口气说道："其实我最讨厌的就是林黛玉那种类型，没想到却为他做了一回林黛玉。唉，更可怜的是我的肚子，我是天生的大胃王，不能吃饱饭简直比用刀子扎我还难受！"

有一次，还听见一个女人这样说："一起出门，老公只允许我穿套装，觉得这才显得体面。可这样子多老气！没办法，谁让他喜欢呢？"

这个女人更可怜了，穿自己一点都不喜欢的衣服，想必她得这样委屈自己一辈子。一辈子啊，想想都觉得可怕。

俗话说，窥一斑而知全豹。从这几个女子的身上，就能猜到还有很多女子，无论漂亮、聪明、能干与否，都同样每天在发愁怎样才能讨男人喜欢。

说白了，她们千方百计地想讨好男人。

但她们不知道，当她们整日委屈自己去取悦男人的时候，就已经注定不会成为一个讨男人喜欢的女人。

一个没有自己特色的女人，蠢男人才会去爱她。

越本然越快乐

《菜根谭》里有这么一句话："文章做到极处，无有他奇，只是恰好；做人做到极处，无有他异，只是本然。"

"本然"二字也是爱情的真谛。我可以爱你，但绝不讨好你。你爱我，爱的是最真实的我，不是为迎合你的口味而变了样子的我。如果我不是我，或许你还爱我，但是，鬼才知道这爱能持续多久。

可是，看看周围的那些女人吧。她们有的妩媚，有的妖艳，有的娇憨，但又有几个不是随波逐流、忘却了自己本来的样子，有几个没被她们所谓的爱情扭曲得面目全非？

再看看那些坚持做自己、爱自己的女人，她们往往活得很精彩。比如王菲，不要认为人家是歌坛天后，你和人家比不起。有一点你得清楚，王菲也是女人。既然都是女人，当然有可比性。

人们喜爱王菲，难道仅因为她有着空灵的声音和慵懒的表情？难道仅因为她和她的歌声穿越了整整一个时代，她却始终不曾老去？难道仅因为当上天给了她一个兔唇女儿，她就用爱为普天下的兔唇儿童寻找未来？

或许这些理由都是存在的，但更重要的是，她有着率真的个性。

当然，懂得爱自己、做自己有时也需要一个过程。

一开始，很多人往往都会很在意别人的感受，王菲也不能免俗。她最初爱的是窦唯，为了这个有才华的男人，已经成名的王菲愿意住在破旧的房子里，清晨起来为他去胡同口的公共厕所刷洗装夜尿的痰盂，还被狗仔队拍个正着。这时的王菲是一个为了爱情而费尽心思去讨好另一半的女子。悲凉的是，窦唯最终移情别恋，尽管那时他和王菲已有了女儿窦靖童，王菲到底心灰意冷了，转身离开。

后来的情路上，王菲不再讨好谁、取悦谁，她特立独行，率性而为。如果爱，就勇敢地在一起，不在乎别人怎么看，只要她自己的心是欢喜的。当然，即使爱了她也绝不委屈自己，不会为取悦对方而改变原本的自己。

王菲有张专辑名为《讨好自己》。懂得讨好自己，这真的很重要。

讨好别人，开心的是别人；讨好自己，愉悦的是自己。还是以王菲为例，她初入歌坛之时弃用本名，使用的是唱片公司为她取的名字"王靖雯"。那时候的她，唱的也是些柔软而毫无特色的情歌，同大多歌手并无区别，所以混了几年还是半红不紫。1994年，她改回本名"王菲"，唱自己想唱的歌，做她最想做的自己，于是推出专辑《讨好自己》。也正是从《讨好自己》开始，王菲一炮走红，渐渐成长为现在我们所看到并喜爱的王菲。

想赢得他人的爱，你就要认真做自己。无论何时何地都不为别人改变你的姿态。

只要你够出色，不怕没人来爱。

做一个真正懂爱的女子

当然，在爱情或婚姻的城堡里，任何人都有权利和义务为了感情的稳定去做一些努力。错只错在大多女人通常只会走一条很糟糕的路：作践自己，换取他的怜爱。

或许，会有那么一些幸运的女人，将自己低到了尘埃里，果然赢得心上人的疼爱，过上了两情相悦的幸福生活。但我想，大多数将自己低到尘埃里的女人都是不幸的，男人不买她的账，甚至会说："不要我说什么就是什么，你可不可以有一点自己的主见！"

更可怕的是，某些傻姑娘为了赢得心仪男人的欢心，竟动了歪念头，试图用身体诱惑他，征服他。

这种人，你身边应该也有不少吧？到最后，那姑娘往往会落得被男人始乱终弃的悲凉结局。

痛骂男人没良心？可以，但这不是问题的根源。人们都说男人大多是下半身动物，贪图一时的感官愉悦，如果有姑娘主动投怀送抱，他要不要？傻子才不要！他不但要了，心底还会窃笑不已：这女人真傻，这样的傻女人谁会和她恋爱结婚！

真正懂爱的女人，她一定懂得，取悦男人不如取悦自己。只要懂得取悦自己，男人自会来取悦你。

再仔细看看你身边那些鲜活的例子，哪一个被男人苦苦追求的女人不爱自己？她们将自己打扮得神清气爽、花枝招展，像个公主一样。就算她冷若冰霜，还是有男人主动守在她门口，取悦她，费尽心思博取红颜一笑。

明白了这样的道理，并将道理付诸实践，你怎能不情场春风得意！

6. 你应该知道如何取悦自己

爱的目的其实是为了取悦自己

世界上最蠢的事，莫过于费尽心思千方百计地去取悦他人。

一个女人做的最不体面的事，是用自己的"低到尘埃里"去取悦一个并不爱她的男人。

选择这种姿态，是因为中了张爱玲的毒吗？

张爱玲很爱胡兰成，在送给胡兰成的照片背后，她写了这样一句话："遇到他，她变得很低很低，低到尘埃里，但她心里是喜欢的，从尘埃里，开出花来。"

是的，女人都是爱情动物。一旦情迷某个男人马上就心慌意乱起来，平时做事甚有分寸的也顿时阵脚大乱溃不成军。智慧如张爱玲都难逃此劫。她爱胡兰成，为取悦他做了许多令人瞠目结舌的事。结果呢？胡兰成并没能给她幸福生活。她孤独终老。

连才华倾城的张爱玲都吃了拼命取悦男人的亏。前车之鉴，后事之师，是该醒悟了：不要想着去取悦男人，靠低三下四求来的，那不是爱情。

爱的目的是为了取悦自己。

这话说得太过绝对？好吧，我们来谈谈。

请问，你爱一个人是为了什么？为了做每天伺候他起居饮食的保姆？为了改变自己原来的脾性，放弃许多自己心爱的东西去将就他，以求换得一些所谓的欢喜？

肯定不是！

想和他在一起，是因为你爱他，更希望他能用同样的姿态来爱你，给你幸福生活。说到底，你只是想要自己过得好一些，取悦自己的心，欢欢喜喜走完人生之路，这样才不枉来世上一遭。

那么，你辛辛苦苦地去取悦男人，这算什么呢？不如省下时间取悦自己。

保持一颗平静而安详的心

中国台湾知名女作家吴淡如说："每个人心中都有一首歌，即便没有掌声，我们也能歌唱，也能取悦自己。"

学会取悦自己，这是幸福生活的基础条件之一。

如何取悦自己呢？

最好的办法是保持一颗平静而安详的心。

曾经听很多女人说自己很不快乐。不快乐的原因有很多，人生中总有太多的快乐与不快乐，太多的诱惑与烦恼。

其实根源只在于你没能守住一颗平和宁静的心。

生活中难免会有意外发生，某些瞬间你甚至会产生这样的念头：生活真糟糕，伤心的事比比皆是。的确，每一次意外都会让人感觉到不平静甚至暴躁。但请记住，谁都不是超人，没有法力撒豆成兵，让所有意外都不伤筋动骨。在意外发生时，上帝也帮不了你，能让你平静的只有你自己。

如果你不能够做到"泰山崩于前而面不改色"，那就尽力让自己在变色之后变得坦然，坦然地面对生活中一切幸与不幸。要知道生活总会不缓不慢地向前行进，不会因为你的不平静而改变行程。

一个人能在年轻时经历不幸其实并非坏事，因为只有经历过不幸的人才能明白什么是生活，尝过苦才更能知道并珍惜甜的滋味。

平静与幸福其实很简单，最重要的是细心体会生活中一点一滴的感动。要有感动的能力，就像一直都要保持爱的能力。如果有一天你体会不到感动了，那你或许就真的要失去幸福了。

当然，平和宁静并不等于无欲无求。凡事尽力而为就好，剩下的就顺其自然吧。你能够主宰的是过程，而不是结果。既然如此，就不必太计较事情的结果，在过程中快乐，在过程中平和。这个世界上有太多太多的美好，也有太多太多的丑恶，请记住它的好，忘了它的恶。

幸福，来源于身边的每一点感动，唯有守住一颗平静的心才能感受到无处不在的幸福。心平气和，保持微笑，抬头看看天，低头看看水，转身看看周围的一切，你可曾感觉到平静与幸福？

相由心生。心是平静而安详的，你眼中的世界也是平静而安详的。

学会打扮自己

俗话说，贫女净梳头。为何即使清贫也要把头发梳得清清爽爽？

这是一种姿态。每个人都要为自己的脸面负责。请记住，一个懂得取悦自己的女人一定懂得打扮自己。从头发的样式、护肤品的选用、服装的搭配到鞋子的颜色，都会细心地挑选。

打扮自己，这是一种自我调节心境的好方式。

想想看，穿上自己喜欢的衣服，化上精致的妆容，闲暇时间找个茶馆或咖啡厅之类清雅的地方坐坐，欣赏着浪漫的轻音乐，品尝着浓浓的热咖啡或是一杯香茗，眼里也慢慢散发出朦朦胧胧的、如一泓深泉般深邃的亮光，让人看不明读不懂……这样一个女子，哪怕她只是静静地坐在那里，一幅绝美的风景也会悄然绘成，娴静、淑然、暗香浮动。甭说男人看了心醉，就连女人见了都会生出妒羡之情。

想取悦自己就要学会打扮自己。

请你保持自我欣赏

自我欣赏绝非自恋。

当然，如果你实在没有办法把握两者之间那微妙的度，你可以认为自我欣赏就是自恋。不过，自我欣赏是一种健康又适度的自恋。

什么是适度自恋？就是说你绝不可认为自己容貌倾国倾城，或自己就是天下第一等的聪明人，但你可以认为自己其实还不错，因为一直都很认真地生活，所以值得过得更好，值得拥有一个忠厚温存的男人来爱你。

适度自恋，这是自信心的源泉。自信的女子才会从容、大度。

你光彩照人，你落落大方，你装扮得体、举止优雅、见识丰富又态度温婉，虽然不动声色，但你的高贵气质和个人魅力像花的芬芳静静在空气中流转。这样的你既锋芒又内敛，笑容美好，气息凛然高贵，男人爱慕你却也心有敬畏。他知道你是莲花，可远观、可深爱但不可亵玩，也不忍亵玩，他疼惜还来不及呢。

保持自我欣赏，这是取悦自己的好方法。

优雅去爱

你要记住，无论何时，无论面对一个怎样的男人，你和他之间的爱都应该能够带给你快乐，而不是委屈。

如果你不快乐，或者你的爱情给你平添了许多隐忧，那就趁早结束。

爱不是折磨自己的借口，真正的爱情不会让你承受折磨。

所谓相爱，就是要在一起分享幸福。如果不能，请勇敢地放手，优雅地转身离开。

简单地说，不委屈自己，优雅去爱，这就是取悦自己。

要保护好自己的身体

身为成年人，对于性这种问题，是无法回避的。相爱的两个人，在一起必然有身体接触，拥抱、亲吻、爱抚都是很正常的，不必大惊小怪。

但需要慎重考虑的是：无论和谁发生身体上的关系，都要提前想清楚。

如果你不爱他，就不能与他缠绵。无论何时，不要给他可以发生故事的机会。你可以和他单独待在一起，也可以去"环境幽雅"的地方，但绝不能在房间门上挂"闲人免进"的牌子，更不可饮酒。

取悦自己不是放纵自己随心所欲，是保证自己有一颗平静而安详的心。

取悦男人，尤其是一个不爱你的男人，是费力的无用功，与其这样不如取悦自己。取悦自己是心理调节的一剂良药，可以令你开朗、自信、乐观、爱自己，更加坦然地面对人生。

有取悦男人的时间，还不如好好睡上一觉。一觉过后，神清气爽，光彩照人。

7. 宝贝，快快上床睡觉

睡出个美人

我曾问过周围的一些男人："晚上10点之前一定会上床歇息的女人，和12点之后还兴致勃勃地玩耍的女人，你最欣赏哪个？"

他们大多选择了10点之前就去睡觉的女人。或许，男人大多不会在晚上10点之前就停止娱乐早早休息，他们和朋友聚会喝酒，或者游荡于其他娱乐场所，或待在家里的电脑前玩游戏。但他们却不希望自己的女友或妻子也贪玩不睡。这是不是"只许州官放火，不许百姓点灯"的另一个版本？当然，他们有自己的理由：睡眠不足的女人比睡眠不足的男人看起来要糟糕多了。

的确，女人是娇嫩的，像花朵，而睡眠就像阳光。睡眠不足的女人如同缺乏阳光的花，蔫蔫的。

假如一个女人没有充足且高质量的睡眠，整天黑着眼圈神色憔悴，这样的女人谁会喜欢？

没有哪个男人会爱一个不喜欢睡觉的女人。

童话故事里的睡美人，想必每个人都不陌生：美丽的公主被巫师施了恶毒的咒语，沉睡不醒。直到有一天王子亲吻她，她一下子苏醒过来，微笑着、充满深情地注视着他。他们举行了盛大的结婚典礼，从此幸福快乐地生活在一起，一直白头到老。

这个童话很美丽。现实生活中，每个女人也都有一个公主梦，等着王子来亲吻，从此过上幸福的生活。

但是想要等到王子来临，你首先要是个睡美人。不是要你也中巫师恶毒的诅咒，而是说你要好好睡觉，保证充足的、高质量的睡眠。

也许你认为这样说未免太强调男人看法的重要性，而忽略了女人自己的感受或需要，完全背离了"女人要取悦自己"的观念。可是就算抛开男人的眼光，充足的睡眠对女人来说也是十分重要的。当然，男人也同样很需要充足的睡眠，不过，我们在这儿主要讨论的是女人的幸福，讨论女人如何更好地爱自己，所以姑且撇下男人不谈。

为什么说睡觉很重要呢？《圣经》里说，是上帝创造了白天和黑夜。请想一想，上帝为什么要创造白天和黑夜？

创造白天，就是要你好好劳动、好好生活；给你黑夜，就是要你好好休息、好好睡觉。只劳动不睡觉，就像只让马儿跑，却不给马儿吃草，能支撑多久？

一个缺乏睡眠的人，气色能好到哪里去呢？

对于女人来说，熬夜是衰老和粗丑的催化剂。

或许有人说："我太忙了，不睡觉工作还做不完呢，不睡觉还没有办法赶得上别人呢，哪里有时间睡觉！"

那么，我告诉你，"劳逸结合"这四个字不是无缘无故出现在人生字典里的。你不肯睡觉，或者你认为自己没有办法腾出时间睡觉，那么总有一天你得腾出时间生病。

生病是一件令人恐惧的事，可谓"劳民伤财"。你拼着命不睡觉所挣的那点钱，说不定到最后都不够你支付吃药的费用。更何况，一生病，你定是没有精力和心神去劳动的，只能卧在床上或蔫巴巴地缩在某个角落，而你的对手，他们在健康地奔跑。等你病好，他们已把你远远地甩在后面了。真是得不偿失啊！

有人也许会说："我白天忙工作，自然只能趁着夜晚去享乐。要不活着多亏啊，光剩下干活了，玩都没得玩！"

从某个角度来讲，这说法也对。

但是，享受也应有度。若是为了所谓的享乐而牺牲睡眠，是一件很蠢的事，就像你只劳动不吃饭一样蠢。

女人细皮嫩肉的，哪里能经得起不眠不休的折腾。

夜生活可以有，但是不能过度。凡事都要讲究度，失了度，等待你的就是糟糕的后果。

睡眠不好就会气色不好，导致皮肤粗糙、眼圈乌黑、头发失去光泽……这是用任何美容补品都没有办法掩饰的。

再者说，女人天生爱美，倘若熬夜后气色不好，肯定会利用各种化妆品来遮掩。可惜，再好的化妆品都比不上睡觉。化妆能帮你暂时遮住面部的瑕疵，卸去之后你仍要面对熬夜带来的后果。而睡觉是天然、绿色、无公害的，不会产生任何毒副作用。这也可以称得上是"低碳生活"的一种。

"我要去睡美容觉了！"这样的话你一定不陌生，不少女子都这样说，然后洗漱一番，好好地去睡一觉，醒来后神清气爽美人气色。

美人气色，男人怎会不爱呢？不但男人爱，女人见了也会叹羡的。

一个头发干枯、眼神黯淡、强打精神的女人，叫人怎么去爱？又怎会有幸福可言？

睡觉第一，吃饭第二

《黄帝内经》中记载："日入阳尽而阴受气矣，夜半而大会，万民皆卧，命曰合阴，平旦阴尽而阳受气，如是而已，与天地同纪。"又说，夜半"阳气尽，阴气盛，则目瞑"，白昼"阴气尽而阳气盛，则寤矣"。

什么意思呢？就是说昼夜阴阳消长决定人体寤寐。

由于天体的运转，自然界处于阴阳消长变化之中，其表现就是昼夜的交替出现。昼为阳，夜为阴。而人体的阴阳之气也随着昼夜交替而变化，于是就有了寤和寐的交替。寤，醒，属阳，以阳气为主；寐，睡，属阴，以阴气为主。可以这么说，自从有了人类，就有了人类活动的规律——日出而作，日落而息。

你怎么可以违反自然规律呢？和生而有之的自然规律作对，和天性作对，无异于和自己过不去。

一个总是和自己作对的人，如何爱自己，又如何去爱人呢？

古人以"眠食二者为养生之要务"，睡觉第一，吃饭第二。睡得好，精神爽。睡不好？那严重后果太多了。

看看那些经常失眠或睡眠不足的人，哪个不是终日睁着"熊猫眼"见人？身为女人，你当然很清楚，出现黑眼圈是开始衰老的重要标志之一。此外，睡眠不足还会使人眼白混浊不清，给人一种暮气沉沉的感觉。

光滑、红润、富有弹性的肌肤，有赖于皮肤真皮层下微血管的充足营养供应。营养供应只是靠吃饭来解决吗？错了，还有睡觉。长期睡眠不足会使皮肤血管缺乏营养，以致皮肤细胞迅速衰老，皮肤变得粗糙，甚至出现皱纹。

如果你连老都不怕，那么你怕不怕头昏眼花、精神不振、食欲下降、记忆力减退？你怕不怕工作能力下降，事故发生率上升？

要是怕，那就给自己一个充足而又高质量的睡眠。

睡个好觉的美容大法

凡事都是说来简单做着复杂。

睡个美容觉，即使你不用昂贵的化妆品，肌肤也能明艳照人。但是，美容觉也绝不是简单的睡觉，不是说你想睡就蒙头大睡，一觉醒来就万事大吉。

凡事都是需要方法的，掌握优质睡眠的技巧，就能轻而易举地睡出红润的肤色和清爽美好的气色。

比如说，在睡前保证自己的心情是愉悦的。

不少人对待睡觉的态度是这样的，晚上下班回家，吃饭之后，有时甚至饭都不吃，第一时间蒙头大睡。是啊，工作这么累，下了班是得好好睡一觉。

这不是个好习惯。

在睡前，你忘了做一件事，就是和亲爱的人谈谈情、说说爱，享受一下轻松的氛围，用温暖的情感来调剂一下紧张的神经。

当然，这个亲爱的人可以是男友或老公，也可以是家人和朋友。

你要知道，和亲爱的人一起共度一些美好时光，反而比急于入睡更能排解日间的工作压力。

再比如说，睡前用温水泡泡脚，保持作息规律。

这两点也很重要。睡前用温水泡脚可以促进全身血液循环，使人感到身心轻爽，有助于加快入睡。而作息有序、起居有常，养成良好的睡眠习惯，才能拥有高质量的睡眠。

如果实在睡不着怎么办？睡不着也不要勉强。

我也曾有过无论如何都睡不着的时候，躺在床上辗转反侧，数绵羊之类的招数也尝试过，但还是怎么都睡不着。

好吧，那就暂时不睡。因为越是勉强入睡越会给自己造成心理压力，导致更加难以入睡。打开暖黄色灯光的床头灯看书，放一些旋律舒缓的音乐，或静静地在黑暗里躺着，想一些别的事情，分散急于睡觉的压力。这样顺其自然，反而不知不觉就睡着了。

此外，找一个舒适的睡姿也很重要。

有时候，从梦中惊醒和睡姿也有关系。仰睡的时候，全身的肌肉仍处于紧张的状态；俯睡和向左侧睡也会对心脏造成压力，容易引发噩梦。

最好采取右侧睡姿，可以让全身肌肉彻底放松，减少做噩梦的机会。

你的头要朝向哪个方向

谈到睡姿，我想我们很有必要讨论一下睡向的问题。

睡向就是睡觉时头所朝向的方位。关于睡觉的方位说法众多，可谓"公说公有理，婆说婆有理"，非常令人困惑。

西方有相关科学家经过研究后指出，由于地球磁场的影响，人睡觉时应该采取头朝北、脚向南的方位，以使磁力线平稳地穿过人体，最大限度地减少地球磁场对人体的干扰。

如果你认为老外的东西不靠谱，那么我们来说说我们中国的说法。

我国古代养生家认为，人的睡向应该随着春、夏、秋、冬四季的交替而改变。

唐代著名医学家孙思邈在《千金方》中提到："凡人卧，春夏向东，秋冬向西。"这就是考虑到"应四时所旺之气而卧"的缘故。因为中医的五季与五方相应。

看到这里，你兴许迷惑了，刚才还在说"四时"或"四季"，怎么一下子又出来一个"五季"呢？

其实，在我国古代，一年是被划分为五个季节的，即春、夏、季夏、秋、冬。

季夏是由夏季中分离出来的，即农历的六月。

还记得南宋诗人杨万里的那首诗吗？"毕竟西湖六月中，风光不与四时同。接天莲叶无穷碧，映日荷花别样红。"

为什么说"六月"西湖风光不与"四时同"呢？因为六月是季夏，是一个独立的季节，风光自然不同于其他四季。

在中医养生学上，这五季是和东、南、中、西、北五个方位相对应的，有春东、夏南、季夏中、秋西、冬北之说。在中医养生学上，睡眠同样是很重要的一课，良好的睡眠能补充能量、恢复精力，有"养阴培元"之效。为了保证睡眠的质量，于是也就有了顺应季节而调整的睡眠方位。

总的来说，中医养生学提倡"春夏向东，秋冬向西"。

至于究竟采用西方国家所说的"头北脚南"的方位，还是采纳我国中医养生学所指出的"春夏向东，秋冬向西"，这个权利交给你。

爱自己的女人会睡觉

英国著名诗人拜伦说："早睡早起最能使容颜美丽，少花胭脂钱。"

张小娴也认为，睡眠和恋爱一样都是十分重要的事情，并且这两者之间又有相似之处，都是"一种温暖而散漫的行为"。

是的，对于女人而言，睡觉是一种十分重要的保养方式。

适时的补充睡眠，恰似恋爱中的甜蜜瞬间，让你感到幸福而温暖。而失眠，就和失恋一般，令人心情烦闷、美丽打折。

你总是认为自己很懂得爱自己，但口说无凭，还要看你舍不舍得让自己在应该睡觉的时间酣然入睡。如果你舍得，并且又很懂得如何保证高质量的睡眠，你的确是懂得爱自己的。

一个不舍得睡觉的女人，不是一个会爱自己的人。

一个不爱自己的女人，有什么幸福可言？

甭说是单身，就算有男友或丈夫，只你不会睡觉这一条，总有一天将迫使你沦为"黄脸婆"。

"黄脸婆"是怎样炼成的？不疼爱自己，不会呵护自己，不让自己幸福，这些因素都直接催生了"黄脸婆"。

最可怕的是，一个单身女子竟"未爱先衰"，早早做了"黄脸婆"。倘若真是如此，男人不爱你，那不是男人的错，是你自己毁了你的幸福。

当然，要你学会睡觉，不是说让你整天都忙着睡美容觉，该做的事却都忘记做或懒得做，这也是可怕的。"懒姑娘"和"黄脸婆"一样叫男人心存畏怯，退避三舍。

凡事都应有度。智慧的人懂得如何把握好度，懂得如何愉悦自己，好好生活。

谈到这儿，我蓦地想起幼时学过的一篇课文。这篇课文应是属于20世纪80年代的记忆，但它有趣的思想却适合任何一个年代的人去品读。

那篇课文是这样的：

滴答，滴答，下雨啦。

种子说，下吧下吧，我要发芽。

小花说，下吧下吧，我要开花。

小草说，下吧下吧，我要长大。

美丽的姑娘，你就应是那细雨中的小花。夜色来临，钟表滴答滴答，你就快快香甜入睡吧。睡个美容觉，睡出美人气色，睡美人就是你。等待王子的，就请在甜梦中等待爱情降临，等待王子温暖的唇；拥有爱情的，你和你的王子会幸福欢乐地一起生活，一直白头到老。

8. 如果可以，请给自己买一套房子

你住的房子是谁的

前面的章节里反复说过，女人想要幸福就要懂得爱自己。

爱自己的女人即使单身也不做"剩女"，要做"盛女"。

如果谈情说爱，只和喜欢的男人眉来眼去、卿卿我我。如果不喜欢他，就毫不犹豫地拒绝他。

不要费尽心思去讨任何男人的欢心，女人要讨好的只有自己。

是的，女人要讨好自己。要懂得好好工作，更要懂得好好睡觉。

说到睡觉，不得不问一句，睡在哪里？

床上？

那你的床放在哪里？

租来的屋檐下还是自己的家中？

俗话说，金窝银窝不如自己的土窝。的确，租来的房子再好，究竟是别人的。房东说要涨房租，你有什么办法？或者房东突然告诉你，明天请

搬走，这房子我不租了，要自己住，或要卖掉。你又有什么办法？只能忙着重新找房子，忙着搬家，花一大把时间收拾新租来的房子。

20世纪女性主义的先锋、著名女作家伍尔芙早就说过：女人需要自己的一间屋。

女人们都要谨记这句话，尤其是单身的女子，更要将此话奉为经典。

一间房子，在单身女子的心理层面就等同于自尊、独立、安全感。如果放到现实层面，你完全可以认为这一套属于你的房子就是投资意向，是经济效益。

既然这样，为什么不给自己买一套房子呢？

这套房子，完全可以与婚姻无关，与男人的责任无关。你只是为了拥有一个独属于自己的地方，在那儿你想做什么就做什么，让房东还有其他一些乌七八糟的事都见鬼去吧。

听听她们怎么说

在豆瓣网上闲逛时，发现了这样的一个帖子。

一个叫"丸子同学"的网友发帖说："我想买一套房子，不是为了结婚。结婚不需要我买房子，男朋友家有好几套，我只想拥有一个属于自己的空间。但是，我的父母不支持，该怎么办？"

网友"懒羊羊"回帖说："我觉得可以，女人要自立。"懒羊羊应该是深知靠山山倒，靠水水跑，人只能靠自己的道理。尤其是女人，在这样的时代里，更要有独立意识。倘若一心想依靠男人，好吧，有你的好果子吃了。

网友"爆发一下吧"的态度很坚决："为什么不买？我妈说了，女人一定要有一套自己的房子！""爆发一下吧"，光看这名字就知道她肯定不是一盏省油的灯，而她妈妈也一定是在她幼时就对她谆谆善诱："最'独'女人心。"你要看清楚，是"独立"的"独"，而不是"心毒手狠"的"毒"。"最独女人心"，你完全可以将这个作为你的座右铭，提醒自己的独立意识。

网友"Leann"说："坚决地说：买！"好，又一个清醒独立的女子！

网友"张小跳"说："当然要买，最保值的资产也不过如此了。女人还得靠自己！"一套属于自己的房子是最保值的资产，投资男人远不如投资房子。有句流行语不就说"男人靠得住，母猪会上树"么？

必须承认，古往今来，总有那么一些男人是不靠谱的。如果你遇见了一个靠谱的男人，恭喜你，你是幸运的。倘若遇人不淑呢？这是最好的年代，也是最坏的年代，一切事情都有可能发生。

《圣经》中说，"已有的事，后必再有；已行的事，后必再行。日光之下，并无新事。"你大可奉行鲁迅先生的态度，"不惮以最坏的恶意"去推测男人。先"以小人之心"去"度君子之腹"，他若是君子，再好不过了。

网友"她名叫蝴蝶"说："婚前财产永远是个人的，虽然大家都希望能白头偕老，但是自己留条后路肯定没错。"这个女子将这一套属于自己的房子划分到婚前财产里了。

网友"好吃不如饺子"说："当然要买啊，不然离婚了住哪儿啊！"尚未结婚就先筹谋离婚的退路了？这观念未免太消极。不过，倒也不必急着去批评她，她是一个极度清醒的人，或者说是自我防护意识过强，这样的意识往往来源于生活带给她的伤痛。

网友"狮子座的阿波罗"说："有钱就买，想要自己的小窝。"在这一系列答案中，你是否比较喜欢这个说法？"狮子座的阿波罗"真是一个懂得爱自己的女子。第一，她深知审时度势、量力而行；第二，她买一套房子，只是为了有个属于自己的小窝，看来她深得伍尔芙的真传。

网友"蔷薇朵朵开"说："至少以后结婚吵架的时候有地方去。"这个观点和大多想买房的单身女子不谋而合。

当然，其中也有一些回帖批评说"女人买什么房子"。经查考，这样的回帖大多出于男人之手。

男人或许不会鼓励自己的女人单独拥有一套房子。这个其实不难理解。男人大多是爱面子的动物，可能他和你谈恋爱或结婚时并没有能力购置房子，如果你有那样的能力，他心中会不舒服的。

那么这套房子，到底买还是不买呢？如果有能力，当然要买！为什么不买？

抛开其他的不说，单说房子所带给你的感觉，不外乎一个字：家。

在一定程度上来说，女人眼中房子便是家的代名词。再独立的女人都逃脱不了家的诱惑。

不知你是否还记得，20世纪90年代初，中国台湾有个叫潘美辰的歌手，她有一首反响很大的歌，名叫《我想有个家》：

我想有个家 / 一个不需要华丽的地方 / 在我疲倦的时候 / 我会想到它

我想有个家 / 一个不需要多大的地方 / 在我受惊吓的时候 / 我才不会害怕

谁不会想要家 / 可是就有人没有它 / 脸上流着眼泪 / 只能自己轻轻擦

我好羡慕她 / 受伤后可以回家 / 而我只能孤单的孤单的寻找我的家

……无法理怨谁 / 一切只能靠自己……

且不说《我想有个家》当年是如何红得一塌糊涂，单说现在，将这首歌拎出来，你依然会觉得它很动听。歌者唱得好，词的内容更好。

家，是疲倦的时候最想依靠的地方，是受惊吓时最能寻求安慰的地方。

对于一个女人来说，尤其是单身女子，远离家乡，独自生活在纷扰城市，难免会有脆弱的时候。如果能有一个独属于自己的地方，可以收留你的脆弱、疲倦与难过，而不必担心房东会突然来敲门，或者其他一些琐碎又无奈之事，你说这有多好。

如果经济条件允许的话，为什么不为自己买一套房子呢？

一个家，一盏灯，一张柔软的床，一个你尽可随心所欲的世界，你的确值得拥有，你应该拥有。

你一定要给自己买一套房子

我有一个朋友，单身的她收入还可以，平常最喜欢做的事就是逛街买衣服。爱逛街买衣服是女人的天性，这本来无可厚非。只是，我这个朋友的衣服实在太多了。比如说冬衣吧，我敢保证，即使她一天换一套，一个月之内也不会有重复的。至于春秋及夏季的衣服，那就更不用提了。

很多衣服，她买回去甚至从未穿过，都让衣柜给霸占了。

人人都说，每个女人的衣橱永远都少一件衣服。但是，花了那么多钱财去买衣服，若是常常穿倒还罢了，要是买了后就压箱底，甚至一整个季节都不会看上一眼，买它做什么？有这闲钱，倒不如积少成多，给自己买一套房子。

住着租来的屋子，衣柜放在别人的房子里，倘若有天要搬家，光一个衣柜就够让人头疼的，何苦呢？

有一次，我去帮那个朋友搬家，房东看着她的衣服惊呆了，当面对她很是夸赞一番。等她回身上楼去取东西，我听见房东和邻居窃窃私语："衣服那么多，钱烧的！真有钱吗？有钱还租我的房子，嘁！"

一声"嘁"，千言万语尽在不言中。

我曾经问过那位朋友："有没有想过给自己买套房子？"

她嘴巴一撇："我才不买呢！我买房子，要男人干什么！"

好吧，她心意如此，我又能说什么？

或许她是真的不知道，房子远远比衣服更值得投资，甚至比男人值得投资。

事事依靠男人和感情，将来的结局有谁能预测呢？

想想吧，假若你恋爱了，想必是要和男友搬到一起住的。为了他，你渐渐失去很多原本属于自己的东西。两个人不闹别扭还好，一旦有个争执摩擦，出了他的房门，你又能去哪里呢？

城市是很大，但能容忍你流泪脆弱的地方，去哪儿找？

倒不如做好最坏的打算，给自己找条后路。这样的话，即使有一天你们不在一起了，在这冰冷的城市你还是有地方可去的，依然可以活得很好。

房子比男人值得投资。今天这个男人可以对你嘘寒问暖，把你捧成手心里的宝，明天或许立即翻脸无情，把你赶出门去，连行李也不帮你提。但是房子可不一样，它今天是温馨的港湾，明天还是你的快乐家园，它始终是你的。

房子比男人忠实，它就是房子，不会甜言蜜语伪装，不必费尽心思去猜测它是狼还是羊。

房子比男人能给人安全感，它永远属于你一个人，永远深情地等着你，不必担心背叛、抱怨和猜疑。

房子是保值品，升值后也不会嫌你是黄脸婆。

……

女人自己买房子，何乐而不为呢？

当然，你买的房子，并不是不允许男人来入住。如果不巧，住进你房子的男子是个负心人，你可以毫不犹豫把他踢出门外，哪里还需要再劳神费心。

看看你身边那么多的女子，以爱情的名义流浪于一个又一个的房子，笑着以新人的姿态入住，哭着以旧人的模样搬出。到头来除了一身情伤，两手空空。更可怜的是，满身情伤的她竟没有一个属于自己的、能让自己身心休憩的家。

女人呀，你要明白，比起男人来说，到底还是房子更可靠。

当然，爱情不能用房子来衡量。但当男人不能给你安全感的时候，你至少还有你的房子。

在一个陌生的城市，房子能够给予女人内心强大的力量。有了房子，女人才感觉拥有了自己的一个家。

女人天生的浪漫与灵动总需要有个家来安置。

如果你的收入还不错，就给自己买一套房子吧。哪怕只是个小户型，只要是属于你自己的就好。至于衣服还有其他一些东西，它们远远没有房子重要。为了房子，你大可暂时不要它们。

单身女人买房攻略

买房，无论从哪个角度来说都是一件大事。

可是，女人是多么感性的动物啊，常常会被表象所迷惑。男人买房的时候还会理性地考虑一下政策、地理位置及性价比等各种因素，女人买房子往往是头脑一热就决定了。

令女人头脑发热的，可能仅仅是那个楼盘的名字。比如我的同事小曾，她在"御笔华章"这个楼盘买了一套房子，只因为实在喜欢"御笔华章"这四个字。没办法，谁叫她是从事文字工作的呢？

还有一些女人，可能是因为喜欢小区里那尖尖的房顶，感觉就像童话中的城堡。还有更离谱的，只因为卖楼的那个小伙子长得比较帅，一激动就签了合同。

这是不可取的。

毕竟，买房不是过家家，而是关乎你口袋里几十万血汗钱的大买卖。就算你想冲动，也要打起十二分精神狠狠地按捺下去。

在买房之前，你要多做一些调查研究才是。

比如，要到楼盘实地去看看，了解一下周边的环境、交通及市政配套设施。还有，地段不能太偏僻。因为你身边并不一定总有护花使者，月黑风高的夜晚，一个人回家可不是一件好玩的事情。

十个女人九个爱逛街，剩下的一个在挑选首饰准备出门。所以你家附近如果有大型商场或购物中心就好了。即使现在没有，也要问问以后的开发前景。

另外呢，你要记得"货比三家"。要买到合意又便宜的房子，货比三家是少不了的。

最重要的是，你一定要检查清楚，看开发商或卖房者有没有相关的合法证件。

看房时，尽量邀上三五个朋友，哪怕她们也懂得不多，但"三个臭皮匠顶个诸葛亮"，你想不到的问题兴许她们会帮你问出来。

9. 容貌漂亮的女人未必优雅，而优雅的女人一定美丽

你是优雅的女人吗？

有时房子远远比男人更能给女人安全感，投资男人不如投资房子。这话听起来很自私，一些人兴许会说这观念也太物质主义了。没关系，不用理会这些说法，一碰到现实问题，谁都没有办法做出很伟大的样子，也很

少有人真的能够不顾一切，不为自己留后路。

但是，还有比房子更重要的吗？

有！那就是女人自己的心。

是否幸福、幸福指数有多大，其实只取决于你自己的心。

你认为你是幸福的，你就是幸福的。哪怕旁人看你一贫如洗，只要你的心是快乐的，你就是自己王国里的公主。这就是佛家所说的"相由心生，境由心转"和"境随心转则悦，心随境转则烦"。

而男人，是的，还是要谈到男人。因为世间之事，无非是饮食男女相处所激荡出的种种风波。男人活着，无法避开女人。谈男人，不能不谈女人。反之，女人的一生也终是要同男人有千丝万缕的联系。谈女人，也无法避开男人不谈。

一个女人，最吸引男人的是什么？或者说，最吸引男人的女人是怎样的？

最吸引男人的女人不一定是最漂亮的。

男人是视觉动物，这话不假。不过，男人的眼睛并非只停留在女人的脸蛋或身材上。他们更愿意去观察女人的内心，以及通过内心所传达出的风度举止。

最美丽的女人并非是容貌最漂亮的，而是气质最优雅的女人。

一个容貌漂亮的女人未必优雅，而优雅的女人一定美丽。这种美丽可能并不悦目，但很悦心。因为她的知识和智慧让你信任，她的细腻与关爱让你依赖。

望着她，就像静静地聆听苏格兰风笛，清远而又沁人心脾；望着她，就像望着飒爽的竹子或山谷兰花，亭亭玉立、高贵脱俗。即使是身着一袭布衣，也能让人从简单朴质的外表中挖掘到那种不凡的感觉。

这就是优雅的女人。

漂亮的女人就像糖，男人望见就想噙在口中，一天，两天，甚至三年五载。但是，再甜的糖，若吃得太多，也会感到烦腻。这可以解释为什么有的男人家中本来就有一个漂亮老婆，还是会跑出门去拈花惹草。

而优雅的女人就不同。优雅的女人如水，可能面目平淡，却淡而有味。可乐再好喝，总不能一直喝。水再淡，没有人能离开。这可以解释为何有的男人英俊挺拔，却心甘情愿地守着一个容貌普通的女人过一辈子。

倘若你认为身边的那些人不够有说服力，那就看看娱乐圈吧。有不少魅力四射的男明星，妻子却平凡得看上去都不如你邻家的妇人。比如周润发，发哥英俊非凡，发嫂的眉目普普通通，但发哥和她无比恩爱。再如梁家辉，他的夫人身材不高而且胖，然而就是她"拴"住了梁家辉，令其在娱乐圈奔走几十年却鲜有绯闻。

据接触过发嫂和梁夫人的人说，这两个眉眼平凡的女人身上有一种说不出的魅力，跟她们谈天，甚至只是望着她们，都会觉得开心不已。

这就是优雅的女人了，谁不爱优美高雅的人呢？她们就是有这等魅力。

你呢？你是优雅的女人吗？或者说，成为一个优雅的女人是你一生的追求和使命吗？

一切取决于你的心

如何成为一个优雅的女人？

你一定能够经常通过报刊、网络或其他途径接触到相关的知识或信息。

简单来说，是否优雅，完全取决于你的心性。

《华严经》中讲"十种身"，其实就是说在一身显示十种德能、德行。

身体是个相，相是外表。有外一定有里，因为外表的相是由内心变现出来的。这就是所谓"相由心生"。

人们常说，富贵人有富贵相，贫贱人有贫贱相。这是从外表上说。真正有学问、有智慧的人，见相就是见性。我们内心的点点滴滴都会显示在外，从外相就能见到一个人的心愿以及修为。

假如你有一颗聪慧而仁爱的心，你的言谈举止必定是优雅的。

你一定有这样的体会，某个女子当年和你同学之时，是个灰头土脸的丑小鸭。几年后再相见，你或许都不敢与她相认了。她的气质变了，举止落落大方，当年那普通眉眼，现今看起来却是美丽的。她笑，你觉得好看；她不笑，又有安静的美。对，这就是"优雅"长在了她的身上。

如何修炼一颗优雅的心呢？

你要读书，多读书，读好书。苏东坡有诗写道："粗缯大布裹生涯，腹有诗书气自华。"书读得多，不仅能开阔视野、丰富阅历，更能使我们明净如水。

多读一些能使你思想获得平静的书，比如有关佛理的书。

曾有一个同事问我："你有宗教信仰吗？"

我想了想说："我信佛。"又说，"但我不会出家为僧。"

信佛，读佛经，能使我内心平静。在分析问题或面对烦恼的时候，能够使我平心静气，泰然处之。有这些就够了，何必出家。心中有佛就好，不必拘泥于形式。

修炼一颗优雅的心，就是要修炼你的心气。时刻保持舒缓、从容，这样才最叫人舒服。所以你要心气平和。

心情平静了，态度才会温和。温和的人使人愉悦。

可以做一些能让你心平气和的运动，比如瑜伽。另外，书法、绘画或是亲近大自然，也都能帮助你平静。

也可以多听听古典音乐，或者是一些旋律节奏比较舒缓的曲子，使自己处于悠闲之境。比如古筝弹奏，其音筝筝然，又优雅深长，韵味无穷。

读了很多的好书，又有一颗平和的心，这样就算得上心性优雅了吗？不，还不够。你要善待每一个你遇见的人。

反反复复谈论爱自己，并非要你时时处处都以一副自私的面目出现在人们面前。

爱自己，是说你要照顾好自己，照顾好自己的心情。要懂得取悦自己，是非得失都能泰然处之。只有你的心是平静而安详的，你才能愉悦地对待身边的每一人。

若凡事自私自利，那就是入了"爱自己"的邪途，走火入魔了。

要保持微笑，这很重要。

还记得年少的时候，总有一些场合会要求说出自己的座右铭，那时我总是很为难。当时的我懵懵懂懂，并不知道自己最喜欢的格言是什么。总觉得这个也好，那个也好，但个个都不是最能打动我心的。所以，面对不同的人和不同的场合，我所给出的答案是不一样的，很有前后不一或三心二意的嫌疑。

若是谁现在来问我座右铭是什么，我的答案只有一个：保持微笑。

人生在世不如意事十之八九，正如元代散曲家姚燧所写，"人海阔，无日不风波"。有风波，心难免会有波澜起伏。但是，任何时候都请保持微笑。

微笑是每个人面对世界和生活的最佳姿态。有人说，"人生除死无大事"。既然都是小事，何必动怒，不如一笑泯之。

若你腹有诗书，又心气平和，善待自己与他人，又能时时保持微笑，如此姿态生活，你就是优雅的。至于着装打扮以及其他，都会因你的优雅从容而得体出色。

嫁给男人之前，请先嫁给优雅

女人，总有嫁人的那一天。

在嫁给男人之前，请你先嫁给优雅，做个优雅的女人。

优雅的女人，即使你不使什么心计或手腕，男人也会对你一心一意。

你温婉柔软，聪颖智慧，或许不漂亮，却有一颗优雅的心为你平添美丽。你不动声色，自有万种风情默然洋溢。

即使你是不婚主义者，也要和优雅交朋友才是。如果你是优雅的，谁能说你是"剩女"？

你是"盛女"，这无需解释。你的优雅已为你传递一切。

请记得，你可以不富有，但不能失去一颗优雅的心。

优雅地老去，这是世上最美好的事情。

10. 可以暂时没有爱情，但要相信美好爱情的存在

人人都是时间诗人

单身的你，亲爱的优雅"盛女"，你是否在等待爱情，或是在爱情之

外羞怯地观望？

我们还是从《蓝莓之夜》开始谈起吧。

有人说，《蓝莓之夜》是"墨镜先生"王家卫的败笔之作。我以为不然。

一部电影的好或坏，也是仁者见仁，智者见智。即使同一人，若是心境不同，标准也会有变化。就像爱情，有人从未经历，所以很期待；有人受了伤，不再相信；有人越挫越勇，一直坚信，爱情就像奇迹，相信才会存在。

《蓝莓之夜》讲述了三个故事，这三个故事通过女主人公伊丽莎白的旅程串联起来。

第一个故事中，伊丽莎白被男友欺骗了感情。男友移情别恋，和别的女人在一起了，真是令人伤心的事情。可是电影里并没有伤心的成分，有的只是愤怒。是的，伤心毫无用处，它只会让人更加脆弱。愤怒呢？愤怒的用处虽然不大，但比伤心要好一些。伤心只是一个人默默伤心，伤的是自己。而表达愤怒也算是一种发泄方式，将怒气都发出来，也就不那么伤心了。

伊丽莎白把男友房子的钥匙交给咖啡店的老板瑞米，请瑞米在见到她的前男友时转交给他。但是，那把钥匙一直没有被拿走。其实，不只她的钥匙没被拿走，瑞米的玻璃罐里还保存了许多钥匙，这些钥匙的女主人所经历的故事，都与伊丽莎白大致相同。

这时的伊丽莎白可能已经对爱情失去了信心，又或许她准备出去寻找新的爱情，她离开纽约，开始了一场漫长的旅行。

每去一个地方，她都会邮寄一张明信片给瑞米，而瑞米也一直都根据明信片上的联系方式，一个一个城市地打电话找她。

故事的最后，伊丽莎白又回到瑞米的咖啡店。瑞米和咖啡店都还在，她最喜爱的蓝莓派，瑞米也一直为她准备。

他们紧紧地拥抱在一起。

第二个故事中，伊丽莎白在一个小镇的酒吧打工，一个白天是公路警察、夜晚是沉默的酒鬼的男人经常找她聊天。

这个男人的老婆和他分居了。为什么呢？因为漂亮的她喜欢上了一个更年轻的男人，更深层次的原因是她婚后没能实现少女时代的浪漫梦想。那个公路警察或许永远都要在这个萧条的小镇上当差，她的一生也许都将在这里度过，于是她想挣脱。

事实上，这个男人很好，很爱他的妻子，可是她感觉不到。

在一个雨夜里，这个男人发生车祸，从此结束了自己的生命和爱情。

他的妻子终于醒悟，他深爱她，这许多年来他对她的爱一如初见，他们之间的爱情原来一直美好而深厚。可惜，一切都已来不及。

第三个故事中，伊丽莎白在一个距离赌城拉斯维加斯很远的小赌场做服务生。

她遇到一个爱赌的女孩，这个爱赌的女孩在输得精光的时候，向她借钱以图东山再起。也就在这时，女孩接到医院的电话，说父亲在医院快离开人世了。但女孩不信，因为她觉得这是父亲因为想见她所使的怪招儿，这招儿以前已经用过很多次了。

不幸的是，这次是真的。女孩失去了与父亲道别的机会。

很多人常常以为自己看清了别人的内心，自以为已经掌握了一切，也就是在这样的自以为是中，渐渐失去了相信的能力。

看过这几场悲伤的故事后，伊丽莎白决定结束这一路的旅程，回到瑞米的咖啡厅。

故事就这样结束了。相信很多人都看得很迷糊，王家卫到底想表达什么？

他想表达的其实很简单："我们仍应坚信爱情。"

一直以来我都认为王家卫是一位时间诗人，一部又一部电影便是他吟诵的诗作，爱情是他诗歌的全部主题。

他一直在努力告诉观众，要坚信爱情，相信爱情的美好和存在。有时候只是你误解了爱情，或者根本不愿意靠近，可是，无论你相信与否，爱情一直都存在着。

其实每个人都是时间诗人，爱情就是这诗歌的全部。

每个人都渴望一份柔软又坚韧的爱，都渴望能有人给自己一份细水长流的温暖。

最令人难过的是，纷扰红尘中有无数痴男怨女，为了爱情互相伤害，甚至以爱情之名做出疯狂的举动。

爱是一颗幸福的子弹

你为何还是单身，是因为不再相信爱情，还是尚未遇见那个对的人？

希望你的答案是后者。

你怎么可以不相信爱情的存在呢？

爱情其实是一种信仰。你信，它就有；不信，就没有。

这信仰就像一把钥匙。王家卫在《蓝莓之夜》中借主人公之口说了这样一句话："如果把钥匙扔掉，门就再也打不开了。"

如果你不再相信爱情，你就永生都不会再得到爱情了。

我认识一个叫乐小雅的女子。17岁那年，她和一个眉目清秀的小男生开始了初恋。不过是两个孩子，对异性好奇，对爱情好奇，于是许下一些山盟海誓。乐小雅那时候认为这就是爱情了，足可以温暖自己一生一世。她甚至趁着父母外出时带小男生回家，两个人摸索着偷食了禁果。后来，恋事终于暴露，乐小雅被父母逼迫转校，和那小男生断了联系。

初恋总是美好的，虽然往往没有皆大欢喜的结局。

乐小雅长大后又交过几个男友，可每段恋情都是无疾而终。她说不清自己对他们的感觉，到底爱不爱呢？倘若不爱，当初为何要在一起？若是爱，后来怎么又分开？

也许有人会说，乐小雅只是在游戏人生。可是乐小雅自己愿意相信，自己经历的每一段恋爱都是爱情。每一次恋爱，她都认真地投入；每一个曾经的男友，她都曾经付出真情。之所以要分开，或许仅仅是缘分不够。正如莫文蔚在歌中所唱，"总之那几年，你们两个没有缘"。

哪里会没有爱情呢？你和每一个他经历的每一场恋事，都是爱情。

爱情也分好坏，就像产品有优劣之分。遇见好爱情是幸运，遭遇坏爱情也没什么大不了，谁没个喝水呛着的时候呢？

被水呛到并不可怕，可怕的是从此再也不敢饮水。就像在井边汲水时被蛇咬了一口的人，从此觉得世间再无井绳，处处是蛇，如此这般，自然是不肯再靠近井边。

错的是爱情吗？或者是那个伤害过你的人？

不，错的是你自己，错在你对爱情抱有太高的期望。

从小到大一路走来，你早已学会凡事凡人都以平常心对待。有期望但不会太高，会失望但不会太深，以平常心对待生活中的无常事。为何这份平常心不能分一点给爱情呢？

乐小雅对爱情的态度我很欣赏。她不怨恨每一场恋情，无论成败，毕竟曾经有过美好的回忆。至于分开，分开就分开吧，那几年，你们两个没有缘。

"人这一生，到底能够经历多少段爱情？"这是乐小雅面对爱情时唯一的困惑。

我对她说，或许一段已经足够，或许可以有几段，然而到最后终有一场会使你心生欢喜，幸福宛若莲开，足以温暖你一生。

幸福，这是一个多么美好的词。

摇滚歌手汪峰有一首歌叫《爱是一颗幸福的子弹》。爱是一颗幸福的子弹，这个比喻既温柔又狂野，真叫人喜欢。歌中有这么两句："爱是一颗幸福的子弹，没有爱就没有伤害。爱是一次永久的期待，没有爱就没有伤害。"

爱是一颗幸福的子弹，没有爱就没有伤害。爱虽然难免带来伤害，却能让人痛并幸福着。

愿赌服输，想要爱就不要怕伤害。哪个女人在去往幸福的路上不曾爱过一两个混蛋呢？但你应该坚信，总有一份爱将只给你温暖和美好，所有灰色的情绪都将与你无关。

优雅的单身"盛女"，愿这颗幸福的子弹早日将你击中！

盛女经：人生最大的贵人，永远是自己

这里有一卷《盛女经》，这卷经书是写给你的。

生活，就像饮用一碗又一碗浓汤，有的汤名为喜悦，有的名为忧愁。而名为幸福的这碗汤，是将爱、相信、等待、坚持、宽容、平和、温暖、优雅和耐心炖在一起，经过时光的熬煎，得出的汤汁鲜美、浓香，滋味深长。饮下它，你满心欢喜，眉眼里都是幸福的光。

请你相信，每一个幸福而优雅的女人都有一本经，每一句经文都能赐予你微笑的力量。这就是《盛女经》。

其实，所有经文都来自你的内心。因为，人生最大的贵人，永远是你自己。只有自己才能拯救自己，并使自己幸福。

《盛女经》共1卷56节。请时时阅读，谨记在心，行之于生活。最要紧的，请保持微笑。要时刻铭记，你是优雅的。

（1）生活就是一场接一场的等待。

（2）你的姿态决定了你将成为一个怎样的人，和什么人在一起，走怎样的路，过怎样的日子。

（3）与其随便找一个男人恋爱结婚，过乌七八糟、哭天抢地的日子，还不如一个人清清爽爽、自由自在地过单身生活。

（4）生活就像过马路，有绿灯，有红灯，有些路口我们还会遇上黄灯。绿灯行，红灯停，黄灯亮了等一等。

（5）我在过马路，你人在哪里？

（6）有时候，我们要用很长很长时间去等一个对的人。

（7）心是丰富而智慧的，你就是美丽的。

（8）如果不喜欢他，就不要和他恋爱。

（9）身为女子，你要使自己智慧而优雅，要懂得爱自己。这是你立足于世的根本。

（10）要始终坚信，你值得拥有这世上最好的爱情。那个对的人就在下一个路口，等你。

（11）单身有什么可怕？只要你懂得爱自己。

（12）生活的真谛不是如何费尽心机去取悦别人，而是取悦自己、爱自己。懂得爱自己的女人最幸福。哪怕你没有荡气回肠的爱情，没有锦衣玉食的生活，只要心是平静而安详的，你就是幸福的。

（13）想幸福就只和喜欢的人谈情说爱。

（14）哪里会有嫁不出去的女人呢？只看她愿不愿意嫁。

（15）什么叫"嫁"？一个"女"加一个"家"就是"嫁"。嫁给他，是因为爱他，期望和他组成一个温暖的家。

（16）遇见心爱的人就嫁给他，不爱的人，嫁给他做什么？甚至连恋爱都不要和他谈。

（17）活着只是一个寻求温暖的过程。

（18）靠近你，温暖我。有时候这就是我们开始一份爱情的理由。

（19）原来，和自己不爱的人谈恋爱是不快乐的。

（20）同床异梦是这世上最悲哀又荒唐的事情。哪怕这场梦披上爱情的外衣，当扯下这件外衣的时候，你能看见的只是悲凉。梦做得越长，你心上的伤口越大，越痛。

（21）爱是相互温暖，如果不能就不要去爱。

（22）任何时候都要保持清醒：不爱，就不要和他在一起，不管是为了什么理由，哪怕那理由听起来很高尚。除非你做好了受伤的准备。

（23）你笑，全世界都跟着你笑；你哭，全世界只有你一个人哭。你先前种下种种的因，才结得今天的果。

（24）一个连自己都不爱的人，别人又怎会爱上她？幸福就是从爱自己开始。

（25）我们可以任性地去喜欢一个人，也可以任性地不喜欢一个人。每个人都有这样的权利，这也是我们所需要的最实在、最淳朴的东西。

（26）不喜欢他，就大大方方、坦坦荡荡地拒绝他。

（27）取悦男人不如取悦自己。只要你懂得取悦自己，不需要取悦男人，男人自会来取悦你。

（28）世界上最蠢的事，莫过于费尽心思地去取悦他人。一个女人做的最不体面的事，是用自己的"低到尘埃里"去取悦一个并不爱她的男人。

（29）靠低三下四要来的，亲爱的，那不是爱情。

（30）真正的爱情不会让你承受折磨。所谓相爱，就是要在一起分享幸福。

（31）取悦自己不是放纵自己随心所欲，而是保持自己那颗平静安详的心。

（32）高质量的睡眠是女人最好的美容品。

（33）早睡早起最能使容颜美丽，少花胭脂钱。

（34）一个不舍得睡觉的女人，不是一个会爱自己的人。

（35）智慧的人懂得如何把握好度，愉悦自己，好好生活。

（36）每个女人的衣橱永远都少一件衣服。

（37）房子比男人忠实，它就是房子，不会甜言蜜语伪装，不必费尽心思去猜测它是狼还是羊。

（38）房子是保值品，升值后也不会嫌你是黄脸婆。

（39）女人天生的浪漫与灵动总是需要有个家来安置的。

（40）最吸引男人的女人并不一定是最漂亮的。

（41）假如你有一颗聪慧而仁爱的心，你的言谈举止必定是优雅的。

（42）心情平静了，态度才会温和。温和的人使人愉悦。

（43）微笑是我们面对世界和生活的最佳姿态。

（44）在嫁给男人之前，请你先嫁给优雅，做个优雅的女人。

（45）我们可以不富有，但不能失去一颗优雅的心。

（46）优雅地老去，这应是世上最美好的事情。

（47）并不是所有的男人都是爱情骗子或混蛋。

（48）相逢的人会再相逢。

（49）我们常常以为自己看清了别人的内心，自以为已经掌握了一切，在这样的自以为是中，我们渐渐失去了相信的能力。

（50）我们每个人都是时间诗人，爱情是我们诗歌的全部。

（51）爱情其实是一种信仰。你信，就有爱情；不信，就没有。

（52）爱情也分好坏，就像产品有优劣之分。遇见好爱情是幸运，遭遇坏爱情也没什么大不了，谁没个喝水呛到的时候呢？

（53）不是世间没有爱情，是我们对爱情期望太高。

（54）爱是一颗幸福的子弹，没有爱就没有伤害。

（55）哪个女人在去往幸福的路上不曾爱过一两个混蛋呢？

（56）人生最大的贵人，永远是你自己。

第二章　绿灯篇

恋爱中的宝贝不得不知的一些事

灯下诗话：去相思吧，去勇敢地爱吧

折桂令

（元）徐再思

平生不会相思，才会相思，便害相思。

身似浮云，心如飞絮，气若游丝。

空一缕余香在此，盼千金游子何之。

证候来时，正是何时？

灯半昏时，月半明时。

少年时喜欢一首歌，每次听到，心底都会涌起浅浅的哀愁。

那首歌是这样唱的，"你知不知道思念一个人的滋味／就像喝了一杯冰冷的水／然后用很长很长的时间／一颗一颗流成热泪"。思念一个人就像喝一杯冰冷的水，这比喻多妥帖，记得当初我刚刚听到就愣住了。

思念还能使人心生深深的寂寞。很多时候，寂寞和是否独处无关，也并非因为寂寞才想念那个人，往往是因为想念那个人才心生寂寞。而这寂寞有多苦，只有体会过的人才知道。

那时我心有爱慕之人，但从未对她讲。她离我很近，每天都可以望见她；她离我很远，每天我只能远远地望着她，像望着一个梦。日日夜夜，朝朝暮暮，我没有办法停止对她的思念。

"平生不会相思，才会相思，便害相思。"

夜读诗书，读到元代散曲家徐再思写的这首《折桂令》，我蓦地怔住了。

人来到这世间，一开始谁会相思呢？年少懵懂，不懂情，不懂爱，自是不会为情所困、为爱相思。

犹记得少年时，关于《红楼梦》，大人们曾戏谑着和我说："读了

《红楼梦》，就得相思病。"话听着很顺溜，心底到底还是不知所云。以为"相思病"就像红眼病，不害的人自是体会不了其中滋味。

等到情窦初开，心有所爱，豁然觉得，相思病的确就像红眼病，甚至比红眼病还要令人烦躁不安。红眼病终有病愈时候，相思呢？天知道何时会消歇！

"身似浮云，心如飞絮，气若游丝"，这三个比喻实在是太贴切了，将相思情态描写得淋漓尽致。

"灯半昏时，月半明时"，相思最难将息。

睡不着，翻来覆去，覆去翻来，心底空落落的。长夜漫漫，不由得期待天亮。

原来爱一个人是如此美好又寂寞的事。

徐再思先生最是擅长描绘相思之情，他另有一曲《清江引·相思》："相思有如少债的，每日相催逼。常挑着一担愁，准不了三分利。这本钱见他时才算得。"

的确，心病还须心药医。相思的铃儿要所思之人才可解得。

我有时会揣测，徐再思先生是一个怎样的人。《毛诗序》中说："诗者，志之所之也，在心为志，发言为诗，情动于中而形于言，言之不足，故嗟叹之，嗟叹之不足，故咏歌之，咏歌之不足，不知手之舞之足之蹈之也。"若真的如此，徐再思先生应一生光阴有大半时日为情所困吧。至少，他的心从未停止过爱恋。

人说相思苦，人说相思难，一点愁便能生出万千感慨。可是，一旦心有爱恋，谁又能将它停歇呢？明明知道相思苦，却偏偏还要牵肠挂肚。

认识那个人之前或许是无靠无依。是啊，去哪儿都是一个人，朋友再多，在黑夜里入睡的却只是你一人。白天再怎么喧嚣，漫漫长夜里你只能听见自己的寂寞在咆哮。白天有多热闹，黑夜就有多寂寞。

认识那个人之后呢？原本以为只是一个短暂的插曲，谁都没料到那竟成为你生命中不朽的传奇。想想也是啊，人海茫茫，一个人遇见另一个人，并且心生爱慕，这概率可不就是千万分之一？只想和那人在一起，就是想在一起，不分开。

如果恰巧不能在一起呢？剩下来的就是思念了。

即使早知道相思苦，知道相思一旦害上就难了结，也还是没有法子路归路桥归桥，偏偏愿意为那人牵肠挂肚。

爱情就是这么神奇，在它没有开始之前，你永远想象不出自己会那样爱一个人，爱到难以割舍。甚至你还会嘲笑那些陷入爱里的人，嘲笑他们整日昏头昏脑。当爱情来了，你才发现，原来你并不比谁精明多少。陷入爱里的人都是傻的，不过傻得幸福，痛得甜蜜。

爱来了，就让它来，迎接它，然后像傻瓜一样去爱。曾在爱里受过挫折的，也莫心怯，去爱吧，像从未受过伤害一样！

不过，你得清醒：爱再深，你都不能失去自己，请保持公主的高贵和优雅。再好的爱情，你都只需付出十分，多于十分，请三思后再行。

好吧，公主殿下，请上路吧。去爱吧，愿这一路行去大路坦荡，每个路口等待你的都是绿灯！

1. 用你自己的秤挑一个品性好的男人

最好的时光里有没有最好的爱情

古往今来，饮食男女都逃不过"男大当婚，女大当嫁"八个字。的确，哪个男人不想娶妻，又有哪个女人不想嫁人呢？

又有话说："男怕入错行，女怕嫁错郎。"此话一定程度上说明女人嫁错男人，比男人娶错了女人更可怕。可是，每个人都不能因为怕爱错就不去爱，一个幸福女人的生活怎能少了甜蜜的爱情和美满的婚姻呢？

到了一定年龄，女人们坐在一起，讨论的话题最多莫过于爱一个怎样的男人才值得，嫁给怎样一个男人才不辜负这一生。

女人们时常想的这个问题，其实男人也会想。

几个男子聚到一起，也总会互相询问对方想找一个怎样的姑娘做老婆。甚至很多男人小时候看见别人家婚嫁，唢呐锣鼓吹吹打打好不热闹，从那个时候开始就有了一个秘密的念头：赶快长大吧，长大后找到共度一生的那个她。

时间流失就像手中散落的沙，不知不觉快得可怕，转眼间年龄就变得很尴尬，可是还没有找到那个可以谈情说爱的人。

父母也开始着急了，催促着说："自古就是男大当婚女大当嫁，谁都无法逃脱这人生的关卡，谁都要建立一个属于自己的家。"这话很对，但被父母念叨来念叨去就会变得叫人烦心了。

或许，你正在和一个男人恋爱。恋爱中，有时会产生一些疑惑：这个男人真的是自己想要的吗？爱他，爱对了吗？如果是对的，为什么有时候又觉得他不称心呢？就这样犹豫不决，沉吟不已。

或许，爱情还没有来，你自己并不着急，想再等等。父母却是等不及的，他们内心焦灼，催促你、责备你，为你安排一场又一场相亲。

这些都是成年之后会有的事。

更令人烦心的说到底还是时光。青春易逝，时光从不为谁多停留片刻。不管愿不愿意，时光都会在脸上刻下种种令人感慨的记号，比如悄悄爬上眼角的皱纹。亦舒说，那些皱纹不是来旅行的，而是来定居的，一旦来到，就再也不会走开。这多叫人感伤。

和一个怎样的男人去恋爱

年少的时候，有人也会遇见爱情。那时的爱情是最纯洁的，只和风花雪月有关，无关柴米油盐，也无关"门当户对"这千古之训。但那时发生的爱情，往往随着时光的变迁，而成为"此情可待成追忆，只是当时已惘然"的美好回忆。

所以，亲爱的读者，现在我们只谈在成年之后，围绕"男大当婚，女大当嫁"而产生的爱情，这爱情关系到之后的婚姻，关系到琐碎的日常生活。不要想着躲避，要正视这琐碎。在每一个年龄阶段，要认真面对属于这阶段的所有的事。

单说成年之后吧，遇见一个人，心动了，想爱他，想要他爱你。心中也是期望能和他恩恩爱爱相守到老。直到有一天，和他一起闭上眼睛，微笑着离开这世界。若真能如此，何尝不是一件美好而幸运的事。

然而谈情说爱不是儿戏，不只因为青春短暂浪费不起，还因为恋爱是婚姻的前奏曲。单纯为了享受恋爱而恋爱的女子究竟是少的，大多爱情往往是以结婚为核心、以幸福为目的，所以需要谨慎。

关于应该爱上一个怎样的男人，我曾和一个女性朋友有过一番深谈。

我的这位朋友也是在情海几经泛舟的人了，直到如今还是没有遇见那个可以托付终生的人，用唐朝诗人李商隐的诗句来说就是"曾经沧海难为水，除却巫山不是云"。关于爱上一个怎样的人才是正确的，她对我说了自己的看法。

当然，她的看法虽有些偏颇，但也不乏道理。我在这里将她的看法转述给你，亲爱的读者，这番话是对是错，你心中也自有一杆秤。这就像许多时候，生活中遇见了一些难题，朋友会给你一些建议，或许是合适的，或许是不妥的，但有人肯给你建议，你能听听别人的看法，参考一下，总是好的。

言归正题。

和一个怎样的人恋爱才不辜负女人想要的幸福呢？

和一个商人吗？

若将人生细细剖析，人活着不过是为了饮食穿衣，能够吃饱穿暖，体体面面地活到老。

那么爱上并嫁给一个商人，食有鱼、行有车，豪华别墅、锦衣丽服、珠围翠绕、暗香弥漫……这样的日子应该很不错吧？

可是，男人挣钱需要花费大量的时间和精力。有钱的男人要忙于应酬，平日里电话也会响个不停，一起吃饭或花前月下的时候，好像就是在陪他听电话。唐代诗人白居易更鲜明而尖锐地指出，"商人重利轻别离"。他们的脑子里充满利益，每天算计着投入和产出，自然会缺乏温情。或许他还会日日夜夜疑心重重：你爱他，是否只是图谋他的钱财？这样的爱情多尴尬，多冰冷。

没有温度的爱情，要它做什么呢？

那么，爱上一个当官的怎么样？

有权有势，要风得风要雨得雨，这样多好。可是，问题也来了。权贵男人的脑子里充满关系，每天衡量着该和谁近、该和谁远。更何况，为了种种纷繁的关系，他整天都有忙不完的应酬。你爱他，或许就等于爱上了电视机或美容院，大多时间要承受被冷落的难堪，要忍受长久的精神上的空虚。你空有一份表面上的华丽，内心的苦涩有谁知道？

好吧，商人不能，为官之人也不能，那么就去爱一个帅哥吧？

有些女子毫不避讳地声明，她只和帅哥谈恋爱，赏心悦目。

可是，爱上帅哥的风险太大了，因为帅哥就算有心一生只爱你一人，也抵不住别的女人对他不管不顾的爱的奉献啊。这世界什么都好抵抗，唯有面对诱惑时，人们常常无能为力。

男人长得帅，艳遇自然也来得快，快得叫你斩不尽、杀不绝，快得野火烧不尽，春风吹又生。如此这般，你的爱情就成了一场你方唱罢我登场的乱哄哄的闹剧。

如果爱一个有很多闲暇陪你的男人，好不好呢？

他是个闲人，有很多闲时，却没有闲钱。他每天按时回家，还做得一手好菜，愿意陪你逛街。每天生活在他的爱意之中，你应该了无遗憾了吧？

但也有一条不得不面对：你必须千辛万苦和他一起打拼，才能获得温饱。看到别的女人养尊处优，十指纤纤不沾阳春水，而你年纪轻轻，已经皮肤粗糙、玉手变形，难免就会心生不甘——为什么别的女子都可以轻松享受生活，自己就不能呢？

有很多闲时却没有闲钱的男人看来也不合适。

如果那个男人很会甜言蜜语，爱上他会是怎样的结果？

和一个能说会道的男人在一起，你的心情会格外舒畅。因为他聪明心细，善于发现女人的美。你换了一个发型，换了一件衣服，甚至换了一种牌子的口红，他都会及时发现，并马上赞美。他会别出心裁地夸奖你透明的耳垂，夸奖你浑圆的脚踝，你会在这种被人欣赏的感觉中陶醉——因为有些美你自己都未发现。

可是，你应该清醒一下，这种男人也很善于发现除了你之外的其他女人的美。惯于甜言蜜语的男人，他会说甜言蜜语给你听，当然也会说给其他很多女人听，你甚至都不知道自己是第几个听到这些话的人。

这种男人很危险，一不小心就会在外面竖起几面"彩旗"，你只得在情感上与别人"分一杯羹"。如此这般，你还愿意吗？

会说甜言蜜语的男人靠不住，那么朴实拙讷的男人呢？

这种男人，你尽管可以放心，他对你忠心耿耿，毫无二心，对身边擦肩而过的美女绝对可以目不斜视。可是，这种男人往往迟钝得可怕，你换一双新款的鞋子一周了，他兴许都不会发现；你问他涂粉色指甲油好还是浅紫色指甲油好，他通常会一脸茫然。和这种缺乏情趣的男人谈情说爱，你会觉得自己的女性之美形同虚设。

那好吧，找一个有情调的才子，又怎么样呢？

这事怎么说呢？先把才子分为出人头地型和怀才不遇型两种吧。

出人头地的个中翘楚有徐志摩、郁达夫等，他们的爱情都轰动一时，可是结果不甚美妙。因为才子大多都是很多情的，多情的男人总会有许多艳遇。而爱情呢，往往是"卧榻之侧岂容他人鼾睡"。和才子恋爱，这很辛苦。

怀才不遇的才子呢？还是别爱了吧。爱着他很可能就是陪他一起谴责上苍无眼、小人当道、时运不济。并且，怀才不遇者都有股怨气，怨得深了、久了，人也就阴暗了。他们都会被残酷的生活所埋没。随同埋没的，还有那些陪他一起生活的女人。

谈了这么久，我们似乎没有谈到在某行业又精又专的男士。

比如律师和医生，好像很不错，和他们一起生活，遇到什么事情都有人护航。这类人比较有素质，一般不会发生"秀才遇见兵，有理说不清"的悲剧。可他们通常都很忙，假期不见人、半夜要出诊，而且可能并不浪漫，有一种严谨的职业病，把你一个人困在生活里哀号。

他要是一个教师呢？

教师好啊，人类灵魂的工程师，太阳底下最光辉的职业。他们还有一个优点，每年都会有三个月的清闲时光做"家庭煮夫"。在结婚生子之后，你也根本不必为孩子们找不到称职的家庭教师而忧虑。当然，他们也有缺点，很难有升迁的机会，不大会给你惊喜。他的工作方式就是从低年级向高年级爬，然后直线下跌，周而复始，乐此不疲。或许不是"乐此不疲"，而是"疲而不乐"，但这个职业注定他们如此，除非他愤然辞职。

……

上述种种男士，或者没有列举出来的，他们都各有所长，又各有所短，没有谁是完美无缺的。或许，你可以和他谈一场完美无缺的恋爱，但很难有十全十美的婚姻。

可是，就算女人是天生的爱情动物，却没有一个女人在恋爱时不想着将恋情推向婚姻的高潮。

只恋爱不结婚，或许有女人会这样做，但那毕竟是少数。那无异于行走在云端，看上去很美，实际上不着边际。大多数女人还是要回到地面上来，愿意在生活的尘埃里幸福地开出花来。

要是和上述的男人恋爱结婚呢，在柴米油盐的琐碎生活里，或许他们身上的不足之处会更加凸显，处处都是不如意。这可如何是好？

和一个怎样的男人恋爱并结婚，于女人来说，这是一个艰深的问题。

你觉得适合你的、好品性的男人就可以去爱

前面讨论过女人到底爱上并嫁给哪一类型的男人最好，分析来分析去，似乎爱谁都不妥。

那怎么办？莫非谁都不爱了谁都不嫁了？奉行不婚主义的人，有，但大多数女人还是用了近乎义无反顾的姿态走进爱情、走进婚姻的城堡。

她们是如何做取舍的？

屈原说："夫尺有所短，寸有所长，物有所不足。"一尺和一寸，它们各有不足处，但人们并未因为这不足就不用之度量，根据实际情况，有的人选择了尺，有的选择了寸。男人就像一把尺子，有的一尺长，有的一寸长，每个女人都要根据自身实情选一个男人共度人生。

这选择其实并不难。

即使难，再难的问题都有解决的办法。很多时候，最复杂的问题只需使用最简单的方法就能解决。因为最简单的方法往往最直接有效。

就说爱情和婚姻吧，怎样的男人值得你托付终生？

只要适合自己的男人就是好男人，就值得你去爱并嫁给他。

什么样的男人才是"适合自己的男人"呢？

一个男人，就像一双鞋子。鞋子是否好，不在于别人怎么评说，关键要看你穿上去是否舒适。

你感觉舒适，好，这就对了。

比如说某个男人，甲女可能嫌弃他五官不够英俊，乙女又说他个子有点矮。而在你看来，这个男人却很不错，男人不该以脸蛋或身高论英雄。他富有才华，脾气好，会疼人，这就够了。你爱上他的优点，同时愿意接受他的缺点。哪怕人人都看你们并不般配，但和他在一起时你心里满满的都是幸福感，这就是适合你的男人。

幸福的女人都会和自己爱的男人恋爱、结婚、生子直到白头偕老。不爱的，哪怕他身份再尊贵，职业再崇高，薪水再丰厚，旁人看着再优秀，也还是入不了你的法眼。

正所谓"各花入各眼"，自己心底欢喜就好。

虽然说你可以不在乎那个男人是什么类型，但有一些本质的东西还是要注意的，这就是男人的品质。之所以强调这个，是因为人人皆有趋善避恶的本性。哪个女人不想找个既适合自己又人品不错的好男人呢？

这就要谈到人品了。

凡世间万灵万物都有好坏之分，男人也不例外。男人根据品质可分两种，这就是人们常说的"好男人"和"坏男人"了。

托尔斯泰说："幸福的家庭总是相似的，不幸的家庭各有各的不幸。"同理，坏男人各有各的不是，好男人总有一些相似的品性，与职业和地位无关。

细细分析一下，好男人都具有哪些好品性？

首先他要独具魅力。这种魅力并非取决于他外表的俊美伟岸或刻意包装出来的风流倜傥，而是来源于他缜密的思维、善解人意的温馨话语以及身体力行地去兑现他许下的所有承诺。

"言必信，行必果"，这是一个男人的魅力之所在。

这种魅力一定程度上取决于他有没有担当。一个好男人都是要有担当的。

上帝派男人来到世上就是要他承担责任的。生活使他懂得了肩负的责任，他不会为一时的心猿意马而自酿苦酒，也不会为追求一时的痛快淋漓而放荡不羁，责任感使他学会了把握自己。

如果一个男人没担当，为了享受快感而常常搞出一些蠢事，请毫不犹豫地放弃他。

一个男人的担当是如何体现呢？

忙，这往往成为一些男人放纵自己的托辞。他可以推说很忙，你却要清醒，再忙的男人都应该分出一些时间给家庭、给你们的爱情。

想想看吧，他在忙些什么，忙着在外花天酒地，还是忙着做一些你都闹不明白的勾当？

这样的男人应该趁早离开他。因为称职的恋人或丈夫，他懂得如何去营造并享受家的温暖。

不要去爱一个不回家的男人。人生苦短，你不必为任何一个男人独守空房，没有任何理由妥协。

另外，好男人往往都善于生活。

你可以接受他不是科学家，不是作家，不是别的什么家，但他一定要是一个"生活家"，一个"爱妻家"。

他不应该只满足于做你的生活伴侣，更要做你生命的伴侣。生活的伴侣唾手可得，不就是搭伙过日子吗，和谁都可以。而生命的伴侣往往来之不易。

你和他在一起，就是为了能与他心心相印，而不只是让他支付各种账单。

会生活的人往往是宽容的。宽容，这也是好男人的一大特性。

两个人在一起生活，难免会有这样那样的摩擦。在发生争执时，他要做的不应是厉声斥责甚至挥拳相向。他可以不接受你的意见，但他应懂得在各自生气时暂时保持沉默。等到彼此冷静，再打开天窗说亮话，慢慢沟通直到达成共识。

更重要的一点，他要能忍辱负重。

"忍辱负重"这个词听起来很灰色，但阳光生活离不开它。

人生不如意事十之八九。这八九分不如意事他要能隐忍，而不是整天做个"怨夫"絮絮叨叨。生活的酸甜苦辣你们可以共同去品尝，但岁月的重负他要悄然担起。他是男人，就应该有男人的姿态。

还有什么呢？上进心，男人一定要有上进心。

一个男人可以没有辉煌的事业，因为这世界上成功人士毕竟只是少数，大多数人都是平凡的。但是平凡并不意味着不思进取，他得努力，志存高远，保持向上的锐气。

还有一点，他要心胸豁达。为一点小事就和别人刀枪相向的男人，你跟了他，就等着为他收拾烂摊子吧。

要找一个你爱的、适合你的、好品性的男人，至于这个男人是商人或者医生，是当官的或是有闲没有钱的，是帅哥或者才子，会说甜言蜜语或者不善于说……这都不要紧了。你大可参考一下前文所说的各行各业各种类型男人的缺点，知己知彼，对症下药，调理出最适合自己的爱情和婚姻。

对于智慧的女人来说，这不是难事。

幸福的女人都有一双慧眼

知名女歌手那英有一首老歌叫《雾里看花》："笑语欢颜难道说那就是亲热／温存未必就是体贴／你知哪句是真哪句是假哪一句是情丝凝结／借我一双慧眼吧／让我把这纷扰看得清清楚楚明明白白真真切切……"

幸福女人的慧眼其实不是借来的，而是通过自己的智慧生长出来的。这智慧源自生活——好好生活，用心生活；一次恋情失败不要紧，要紧的是记住失败的教训；善于总结生活的得失，修炼自己，完善提升自己——这样，你也会是一个智慧的女人，生出一双慧眼。

想要幸福，你要具有一双慧眼，懂得鉴别男人。

当然，你也可以执意去做一个难得糊涂的小女人。只要你觉得那个男人是好的，和他在一起你是欢喜的，就不必委屈自己去想一些乱七八糟的事。

记住，要恋爱，而非练爱。

有些女人是"练爱"高手，经历过一个又一个男人，每一段感情都是热火朝天地爱恋一阵子，然后分道扬镳。人们只看见她在爱情里越挫越勇，看见她一次次为爱奋不顾身，于是认定她是性情中人。其实她是个傻女人。一个智慧的女人怎会一次次在混蛋男人身上栽跟头？这样的高手不值得学习。

要学习那些恋爱高手，知道自己想要的是怎样的男人，并能看清对面行来的男人到底是不是你要的那一个。和最对的男人谈恋爱，然后结婚，过幸福的生活。

每一个幸福的女人都应具备这样的智慧。

2. 让他保持完整也让你自己保持完整

谁都不是谁的另一半

"男人的另一半是女人，女人的另一半是男人。"这句话你一定并不陌生。

你也一定在用心寻找你的另一半。但是我想说，如果你真的把他看成是你的另一半，那你就错了。

谁会是谁的另一半呢？

25岁的时候，小白爱上了那个男人，这是她的第二场恋情。第一场是在17岁的时候，小男生迷恋她到疯狂，但是她不爱他。面对这种疯狂的爱恋，小白有点不知所措。懵懂中，她觉得有个人爱自己总是好的，于是接受了他。可是，究竟是不爱他的啊。高中毕业后他们就各奔东西了。还好在这第二场恋情中，她与那个男人两情相悦。小白是欢喜的，她认为自己找到了生命中的另一半。

爱令智昏。大多女子在恋爱时都是糊涂的，小白也不例外。

她愿意为那个男人奉献一切，她的笑和泪、欢喜和难过都因那个男人而生。她为他洗衣、做饭，无微不至地照顾他，像个小保姆。

为什么不呢？她是他的另一半啊。

谁都以为一开始男的欢女的爱，到最后定能修成正果，怪只怪在感情从来都不按常理出牌。有一天，很突然地，男人向她提出分手。

男人给出的理由很有杀伤力："你对我太好了，好到我几乎要窒息。"为了不窒息，他决定离开，去其他地方呼吸新鲜空气。

小白痛哭流涕，他怎么可以这样呢？她对他那么好，难道对一个人好也有错吗？

有！你怎么可以对他那么好？他又不是小孩子，你也不是他的保姆，而他想要找的也绝不是保姆。

只是苦了小白，她一直都拿那个男人当另一半的。在她心目中，自己就像一个半圆弧，只有和他凑在一起才算得上一个圆。他一走，小白就是残缺的了。

很长很长时间，小白的这段情伤都不能痊愈。

错在那个男人吗？也不完全是。

小白，身为一个女人，你是一个完整的生命，怎么可以把自己切成半个，放到他那里？或者说，你怎么可以把自己一个完完整整的个体搓揉成半个，硬是拼凑到他那儿呢？

他怎么会是你的另一半？他自己本身也是完整的生命，你何必自作多情以为他是一半，一定非要拼凑呢？

当然，在生活上，你是有理由将他看成另一半的。两个人恋爱过日子，会有一些生活琐事，有些事你做不来，恰好他能做；而另一些事他做不来，恰好你能做，你们两个加在一起，就是完美的生活。从这个角度上，你可以认为彼此是对方的另一半。

但是，情感上呢？或者说是灵魂，在这个层面上你们就应该是各自独立的了。他爱你，因为你是独特的，有着完整的、可爱的人格，你爱他也是出于这个原因。为何两个人走到一起之后，你就自告奋勇地委屈自己、改变自己，去成全一些你自以为是的成全呢？把他当小孩子，细心呵护，用你的爱把他紧紧包裹起来，他不窒息才怪呢！

再换个角度来说，人都是残缺的——这是从性格上来说的，没有谁的性格是完美无缺的。即使有缺，缺到一半，你的另一半也只是有些许缺憾的自己。

你一半美好一半残缺，你要用自己美好的那一半去修正和完善残缺的另一半。

每个人的另一半都只是自己。

男人只能是女人的爱侣。像一段路，两个人搀扶着去走，谁都不是谁的另一半，是两个独立的人一起往幸福的方向前行。有他，你或许走得更快，能够更便捷地抵达幸福；没他，你也要保持坚强，一个人也能行走，去往幸福。

如果你非要把他当成另一半，他的离开对你而言无异于天塌地陷。你一直都认为没有他你就撑不起整个天，他一离开这天不塌才怪呢！但是如果有一天，你不幸有了类似于小白的经历，最爱的男人贪慕新欢抽身走开，你怎么办？

觉得天塌了，不活了？这实在不是一个好的生活态度。懂得爱自己的女人从来不会这样做。

你爱他，他爱你，这可以。只是请明白，你要保持自己的完整，也保持他的完整。

他遇见你之前是什么样子，就让他是什么样子，不要扭曲他。你爱的是人生初见之时令你心动的他。你当然可以关爱他，但完全没必要做他的保姆。

你遇见他之前是什么样子，在他说爱你之后也要保持。他爱的是你们人生初见之时的你，而不是刻意扭曲的你。

请你要保持自己的完整，也要保持他的完整。

做一个情感独立的女人

保持各自的完整，就不要一味地依恋男人。你要不断地完善和充实自我，有自己的工作及生活空间。

在古代，人们总说男人是树，女人是藤，藤要缠绕着树。现代社会，女人的生活需要有男人参与，但更大程度上要保持自己的独立。什么是"男女平等"？就是男人和女人各自有自己想要的空间，他是独立的，你也是。即使结婚后一起生活，这生活也是两个人共同参与的，而不是某一方依赖于另一方。

不断完善自我是重要的。但是，以男人做参照始终是女性生活的误区。以男人的要求为标准，女人的那些爱情技巧越多，就越没有效果，结果越令人懊恼。

有一种女人，在她看来，女人的自然使命和天职是什么呢？第一，男人；第二，找一个能提供锦衣玉食的男人；第三，依赖这个男人。这样的女人不在少数。

其实，对于一个女人而言最重要的是要独立，在工作、经济和感情上都做到独立。

女人一旦有了这样的心理起点，就能做到大道无术。只有这样，那些小小的爱的技巧、那些书册报刊上所教导的生活经验，才能为你的生活锦上添花。

女人是花，花开在枝头上，而不是低到尘埃里。女人要把自己变成一棵花树，只要四季轮回就可以开出新的花来，而不是一朵采摘之后就会枯萎的玫瑰。

不要一味地依恋，这是爱情甜蜜和生活幸福的一味良药。时光会流逝，但正是不一味依恋这种心态，使得女性可以对爱保持着一贯的虔诚，也保持着一贯的警惕。以这种态度去唤起爱人的良性互动。即使有多年的两人生活惯性依赖，你在扪心自问的时候，也敢对自己说：在我的生活中，不会有天塌地陷的感情事故。因为，你是独立的，你和他是平等的两个人。

如果能做到独立，这就仿佛为爱情和生活投了一份意外伤害险。虽然希望自己永远也得不到保险的回报，却一直心甘情愿继续投保。

这才是智慧女人对待爱情的态度，这也是爱自己的女人通往幸福之路的安全班车。

希望你能从现在开始检视一下自己的内心，纠正那些不妥的生活态度，不断完善自己，使自己更加独立。

让他保持完整，也让你自己保持完整，这和保证自己一直拥有爱的能力一样重要。

3. 挺胸做女人要看怎么挺

哪里的美容院隆胸最好?

有个朋友曾给我讲过这样一个故事。

有一天，朋友的闺密给她打电话，问省城最好的美容院是哪家。

这闺密嫁给了一个"富二代"，并为此放弃了省城的工作，回到县城生活。原因有两个：其一，"富二代"在县城有生意，并生活在县城；其二，她必须快速融入当地的富太太圈子里，跟她们一起搓麻、遛狗、进出美容院，或者是一起讨论怎样攥紧男人的心。

县城的美容院大抵入不得她的法眼，所以她要来省城。"你能不能帮我打听一下，省城哪一家美容院做整容手术最好？"她在电话那头撒着娇，"她们都对我爱理不理的，你可不能不管我！"

"你又想动哪里了，双眼皮整了，鼻梁也垫高了，还有哪里需要你再动刀子？"朋友感到很诧异，半开玩笑地问闺密。

"我想隆胸……"她的声音带着点无奈和不好意思。

朋友这次真的愣了。又不是去做演员或模特，隆胸做什么？

"他已经好久没回家了，有了新欢，还在外面租了房子。朋友们说他可能是嫌我不够丰满才动了花心思的，我的胸围不够大……"

"你看看你现在这种堕落的样子，"朋友终于忍不住发火了，"还像上过大学、受过高等教育的吗？你当年的骄傲都哪里去了？放着好好的班不上，一心回家当全职太太，盯防男人的短信电话成了你唯一的要务。除了这些就不会干点别的？"

闺密在那端并不答话。

朋友的语气有些恨铁不成钢："为了拴住他的心，你发型由清汤挂面烫成卷发，再由黑发染成黄发直至红发，你注射肉毒杆菌除皱，在脸上开刀，泡美容院，结果他还喜新厌旧！"

闺密似乎也怒了："这能怪我吗？"

"你整天想着他喜欢什么，你想过自己没有？你喜欢什么不知道你是否还记得？当初天天背诵唐诗宋词、讲解《红楼梦》、功课考第一的女子，现在居然想靠'扩胸运动'来挽回一颗早就属于别人的心！他有外遇与你胸的大小没有什么关系！他要是心里有你，根本不会在乎你胸围的大小。男人爱一个女人，环肥燕瘦，他总能找到爱的理由，如果不喜欢你，哪怕你有梦露那样曼妙的身姿，他照样视而不见！"朋友无法克制自己的激动，好像自己变成了闺密，正和那个花心男人针锋相对地交战，"你的眼里只有他，自己所有一切都围绕着他，做什么事情首先考虑他的喜好口味，你把自己丢到哪里去了你都不知道！你到现在还执迷不悟，你知道自己错在哪里了吗？"

"可是，我怎样才能让他回家呀？"闺密焦急地问道。

"不是让他回家，而是你应该走出家！"朋友语带双关地点醒她，"你应该把精力用在自己身上，找一个支撑点让自己充实起来，而不是天天空虚无聊地做盯梢工作！"

"可是，谁能帮我看着他呀？"闺密还是执迷不悟。

"我手机快没电了，该说的我都说了，你好自为之吧！"说完不等闺密说什么，朋友毅然挂了电话，然后关了机。

虽然事情已经过去一段时间了，可朋友对我讲述时情绪还是很激动。她说她实在不知道该再对闺密说些什么了，甚至有时候会想自己怎么会有这样的朋友。

不过，归根究底，似乎一切矛盾都因女人的胸围而起。

可是，男人真的有那么在意女人胸围的大小吗？

如果他爱你，就会接受你的一切

男人都喜欢胸围很大很丰满的女人吗？如果是，为什么男性更钟情于拥有丰满胸部的女人呢？一直以来，这都是进化心理学领域中悬而未决的谜题。

在20世纪90年代末，哈佛大学人类学家弗兰克·马洛韦作了一个简易的观察实验，他发现较大的胸部一般都较重，并且随着年龄增长，其松弛的状况比小胸要严重。因此，这就便于男人判断女性的年龄及生育能力。

在远古时代，没有身份证之类的东西能够作为男人查证女性年龄的依据。那时候也没有日历，人们没有生日的概念，女人往往也并不知道自己的实际年龄。那时的男性就必须从一些生理特征上来推断一个女人的年龄和她的生育价值，而女人胸部的轮廓为此提供了一个很好的线索，但也仅限于那些随着年龄的增长而不断下垂的丰满胸部。

马洛韦猜测，这就是男性认为胸部丰满的女性更有吸引力的原因。

近期，进化心理学的相关科学家给出了另一种解释。

一项针对波兰女性的研究表明，同时拥有丰满胸部和纤细腰肢的女性生育能力最强。因此，男性偏爱胸部丰满的女性与他们偏爱拥有小蛮腰的女性的原因是一样的。

不过，目前还需要更多的实证证据来证实这两个解释究竟哪个更加准确。

究根到底，女人隆胸更大程度上是为了迎合男人的喜好，这实在可叹。

哪怕有一点爱己之心或自我意识的女人都不会这样做，怎么能沦落到靠讨好男人来维持感情的地步呢？

如果只会一味迎合男人的口味，又是隆胸又是减肥，在折腾自己的过程中将自我一点点丢失，回头再去寻找时，恐怕连个虚幻的影子都找不到了。没有了自我，如果能赢得男人的爱、获得美满的爱情和幸福的生活倒还罢了，怕只怕竹篮打水一场空。

在采访中，不少的男人都表示，他们其实没有那么在乎女人胸围的大小。

从事文字工作的黄先生说："老婆隆胸这件事根本不会发生在我身上，我绝对不允许。她更不可以一个人悄悄跑去美容院折腾，我接受不了。"问及原因时，黄先生说："你瞒着我去，说明对我不信任，喜欢隐瞒我做事。这是夫妻之间最大的忌讳。没有信任还做什么夫妻？再说了，无论你的胸围大小，我感到满意就够了。我说过嫌弃你的胸围小吗？没有！那么，你为什么还要去丰胸呢？换个角度再想想，隆胸风险那么大，你都不跟我说一声，万一出了事故怎么办？自然的不是更健康吗？"

是的，自然的更健康。

对于女人来说，最重要的不是胸围大小，而是智慧的多寡。

有句话说，"胸大无脑"。这话或许有失偏颇，但也一定程度上表明了，并非所有男人都那样看重女人胸围的大小，比胸围更重要的是有头脑、有见识。

再说了，一个女人胸围是大是小，是有很多先天因素在里面的。就像一个人的五官，生来就已注定了漂亮或普通，后天能改变的只是学识和心态。相由心生，可以通过内心再来影响形貌。女人的胸围亦是如此，是大是小，后天或许可以通过食补或其他一些不需动手术的方法去影响改变，但更重要的却是头脑见识。

如果想着借助手术台上的折磨做"扩胸运动"，就像一个人想通过整容来改变父母赐给的容貌一样，是不自信的表现。自信的女人会注重仪表，但不会整容，与其将时间和钱财浪费在手术台上，她更愿意修炼自己的内心，提升个人修养和气质。

其实，上天对每个人都是公平的，关了这扇门的同时会为你开另一扇窗，你在某方面有所不足，但会在另一些方面很有优势。为什么不发挥你的优势，将自己的生活和事业打理得更优秀，从而更出色、更引人注目呢？

对于男人来说，如果他爱你，就会接受你的一切。因为他爱上你的时候你就是那个样子的，如果他有嫌弃之心，当然不会和你走到一起。既然他都没有嫌弃你，你为何一定要忍着疼痛、受着折磨和自己的身体过不去呢？

当然，不排除一部分男人就是迷恋大胸围的女人。那么很简单，就让他去寻找追求他想要的女人好了。你胸围是小一些，但你是自信、智慧而优雅的，自然会有人来珍爱你。

想要丰胸，自己养出来

爱美之心人皆有之。单从这个角度来看，女人在意自己的胸围不是不可以。但是没必要去美容院做隆胸手术，完全可以通过食疗等方式达到丰胸的目的。

现代医学早就证明，女人乳房的发育与食物有着莫大的关系。要知道乳房是富于脂肪的腺体组织，除了部分人群由于先天遗传和自身内分泌的关系导致乳房发育会较同龄人更为迅速外，要想后天加强乳房的发育，多吃一些有利于刺激内分泌的食物就显得尤为重要。

蔬菜可以多吃一些花菜、胡萝卜、卷心菜等，它们丰富的维生素含量可以有效地促进雌性激素的分泌，以便达到乳房生长的目的。

还有木瓜加牛奶，将牛奶倒入掏空的木瓜内蒸熟后食用。虽然操作简单，却具有相当神奇的丰胸功效。

富含蛋白质的瘦肉和鸡蛋，以及富含胶原蛋白的鸡皮、鱼皮、肘子等也是很重要的丰胸食品。

除了食补，平常还可以给自己做一些胸部按摩。还记得电影《爱君如梦》吗？影片中，梅艳芳教给吴君如的丰胸秘诀就是胸部自我按摩。据有些女影迷说，那是很有效的。

养成按摩习惯的另一个好处是可以时时保障乳房健康。用手心全面接触乳房外侧，然后集中用力由外往内轻揉的动作可以达到帮助淋巴排毒的作用。此外，还可以让你在按摩乳房的同时随时检查自己乳房是否有异物感。如果有，一定要及时去医院检查。记住，乳腺癌现在已经不是中年人的专利了，每个女人都应该保持极高的警惕！

不管怎么说，女人要始终记住：不管你的双乳是否丰满，你都要好好爱护它。如果连你自己都不爱护自己，幸福从何谈起？

至于男人的眼光，呵，随他去吧。真正的爱情和胸围无关。

4. 要不要减肥女人须得好生琢磨

问世间情为何物，直教女人用减肥去证明

减肥似乎天生被女人青睐，与之相关的话题总是出现在女人之间的闲聊中。为了减肥，女人们真可谓"无所不用其极"，大把的钱都花在了脸蛋和身材上。

有这么一句常常被人引用的话，"问世间情为何物，直教人生死相许"。这句话或许可以改为"问世间减肥为何物，直教女人一生翻来覆去折腾"，或者是"问世间情为何物，直教女人用减肥去证明"。

是的，不得不承认，大多女人减肥是为了男人，是为了博得男人更多的欢心，所以不惜一切代价去减肥。

如果说减肥是为了自己，那倒还罢了。若是为了男人，实在不值得。

若你爱的人挑剔或嫌弃你的身材，那就得慎重考虑了。这样的男人值得你爱吗？或许注重外表没有什么不妥，但如果他都和你谈情说爱甚至一

起生活了，还整天嫌弃你的身材，那你就得认真考虑这个男人和你在一起是为了什么，他是否能给你幸福。

假若你自己不自信，担心男人会因为身材问题而嫌弃你，那就更错了。

错在哪里呢？

我曾写过一篇题为《找个丰满的女人做老婆》的小短文，有读者去我博客留言，说深有同感。文章是这样写的：

所谓生活，不过是和一堆破事儿不厌其烦地斗争。这堆破事儿说大不大说小不小，你不胜其烦却又逃不开避不掉。譬如减肥。

认真地说，胖瘦其实不是问题，因为古往今来悠悠数千载，喜欢丰满胖美人的也不过盛唐而已。这就逼迫女人为了不盈一握的细腰、楚楚动人的骨感，不得不勒紧腰带缩小胃口，节食再节食，不达瘦骨嶙峋之目的不罢休。

尽管如此，我还是很不赞成女人受尽折磨来享"瘦"生活！

先说个小故事吧。

我有一友，未和某男恋爱之前，可以说是为了口腹之欲百无禁忌，是个珠圆玉润的小胖妞。后来恋爱了，这沉迷于爱情的姑娘似乎一夜之间换了心骨，用绝食的姿态将减肥进行到底。有志者事竟成，她如愿以偿成功瘦身。可是，她哭了，在电话里泣不成声。她说："他结婚了，新娘不是我。"这肥皂剧里经常出现的情节和对白，我居然在现实生活中遇到了。

"他不是很爱你吗？都说好要结婚的，怎么突然变卦？"我颇为不解地问。

"爱我？那是以前！"她愤然大骂，"这个负心汉，他竟然又爱上了一个很胖的女人！"

作为她的朋友，我当然要附和她对某男厉声谴责一番，但在心底我暗笑的其实是她。先前她对我说，男友夸她丰腴撩人，实在很可爱，还引经据典，说她"貌丰盈以庄姝兮，苞温润之玉颜"。她却正话反听，只当男友是取笑她胖，便动了心思减肥，直减到面黄肌瘦，浑似一阵风来即飘然欲飞。减了肥，遂了愿，男友却和另一个丰乳肥臀的女人远走高飞了。

"你见过有几个男人的老婆是瘦骨伶仃的？"我问我的朋友。

她怒了："什么意思？！"

"你见过有几个男人的情人不是瘦长个儿？"我不理她的愤怒，继续说，"你还曾经将网络上流传的那句'男人精明，老婆挑肥情人拣瘦'说给我听，怎么自己却不记得了？莫非你认为这只是调侃之语？无风不起浪，每句能够流行起来的话都不是瞎传的，自有一份道理在其中。"

的确，男人最擅长干挑肥拣瘦的事儿。世俗生活多像一场战斗啊，女人若是太过瘦削，男人还真担心她不能陪自己柴米油盐酱醋茶。面对生活的重担，太瘦的女人能吃得消吗？虽说男人要无微不至地照顾女人，但女人也不能太弱不禁风，不是吗？

明星出场讲究一个艳惊四座的范儿，而平凡到只追求衣食无忧的人，向往的就是丰裕的小日子，而丰满的女人看上去就很有富贵相。人说心宽体胖，生活无忧才能心宽的吧？丰满的女人很能成全男人的面子，至少她能不动声色地表明：我家相公养得起我，我们的小日子称不上锦衣玉食但也有滋有味。

太清瘦的女人就撑不起那气场了。虽说女人瘦了有骨感，但一不小心就会被误认为营养不良，会使路人以为，她身旁的那个男人没能赚足够的钱供她享受。

以上所述绝非胡搅蛮缠，亦非东拉西扯、自圆其说。据一项科学调查表明，当男人挑选伴侣时，多倾向于挑选那些圆润丰满的女人。因为以男人的眼光来看，无论怎样进化，促使他们追求伴侣的原动力永远都是生产的欲望。在潜意识层面，一个男人非常注重女人的身体是否健康，只有健康的女人才能为自己孕育强壮的孩子，并给孩子提供充足的乳汁。最关键的是，男人认为丰满的女人脂肪厚、体温高，搂着她会让男人感到温暖。中国有个形容女子的古话叫"温香软玉"，说的就是这个意思。说到这里也就不难理解，为什么唐明皇遇见杨贵妃就日日不思早朝。

男人最爱干挑肥拣瘦的事儿，未经世事的小青年恋爱时往往会想着找个婀娜多姿的恋人，而经过岁月洗礼的男人在选择结婚对象时更偏重于珠圆玉润的女人。如果你擅长观察生活，你会发现这就是生活真相。

减还是不减，这是个问题。女人须得好生琢磨。

减肥只要不减掉幸福就好

女人减肥到底是为谁呢？

是为了取悦某些男人？这就傻了，为了讨人家欢心拼命饿自己的肚皮，太不爱惜自己了吧？就算女人为了幸福真的需要牺牲一点什么去讨男人欢心，那也应该讨有着和你结婚打算的男人的欢心，做一个丰满的、看上去一团福气的女人。要看清，是丰满，而不是肥胖。当然，如果天生胖人，但是身体健康，自己又不愿意减肥，可以不减。只要健康，只要自己满意，这就够了。

也不能排除这样一种情况，有些女子就是喜爱婀娜多姿的美，就是觉得身材瘦下去了、前凸后翘了，心里才愉悦。这种情况下当然可以减肥，人活着不就是为了让自己愉悦吗？

不过，减肥也是有诀窍的。要健康减肥、绿色减肥，瘦得漂亮，更要瘦得健康。

5. 低碳生活绿色享"瘦"才减不掉幸福感

你在绿色减肥吗?

随着人们健康意识的不断提高，减肥已经不仅仅是美丽的问题，更是一个关乎健康的问题。如果因不适当的方式减肥损害了身体，那可是得不偿失的事。

想必你也一定从报刊和网络上看到过很多相关报道，有模特为了追求骨感拼命瘦身，结果健康受损，有的不幸死亡，有的虽然还活着但也隐疾多多。

每一个爱自己的女子都应懂得如何绿色减肥，瘦得健康才是真正的美丽。

绿色减肥守则

你不能追求快速减肥。快速减肥就像拔苗助长，因为完全违背了自然规律，当然不会长久。

也不能光运动不吃饭，运动后要注意补充水分。

有一点很重要，就是记得要慢吃细嚼，这是满足食欲和减少食量的最佳方法。

多数人在减肥时都将注意力放在该吃什么食物上，但越来越多的科学研究显示，人们吃饭的方式也是不容忽视的。放慢进食速度会使人更容易产生饱的感觉，而快速进食很可能在身体尚未来得及发出饱胀信号之前就已经吃得过饱了。

对于女人来说，"细嚼慢咽"不仅有助于减肥，还能体现温柔、淑女的气质，何乐而不为呢?

光有这些还不够，切忌贪睡。

前文详细谈过，睡觉能帮女人美容，但是凡事有度，倘若睡得太多就会适得其反。因为睡眠时人体新陈代谢率最低、能量消耗最少、胆固醇和脂肪的合成量大增，哪怕吃得再少，如果贪睡那也还是会长胖的。

很多女孩子都是零食爱好者，总喜欢一边聊天一边大吃零食，但是休闲时身体的代谢率低、热量消耗少，人的食物热量也应相应减少。坐在那里大快朵颐，这真是肥胖起来的好办法。想瘦就要记得，休闲时间一定少吃东西。

更重要的是一定要尽量避免吃宵夜。睡前进食热量最容易转变成脂肪，在腹部堆积。

常吃这些食物瘦得快

关于"食疗养生"这个概念，你一定不陌生。

人活着总要吃饭，但吃饭并非就是将食物送进口里吞进肚子那么简单。这其中也是有一些秘诀的，掌握了这些秘诀你才能吃得快活又健康。

在日常饮食中，哪些食物能够帮助女人瘦身，让女人越吃越瘦呢？

桃子。桃子有仙桃、寿桃的美称。据古医籍记载，桃树的果实能生津润肠、活血消积，而桃花也有利尿、排尿和消积的作用。桃子可以润燥滑肠，对促进通便有一定功效。桃子除鲜食外，也可制成桃干、罐头等食品。至于桃花，一般可取数克洗净，水煎20分钟后取汁饮服。

韭菜。很多女孩子不喜欢吃韭菜，认为它的气味太冲。但是韭菜纤维素含量较多，有增进肠蠕动而产生通利大便的作用，借以排出肠内过多的营养成分及代谢废物，有利于减肥和清洁肠腔。

我的一些女同事，在夏季总是会带着黄瓜上班，有事没事吃上一根。的确，黄瓜很有美容瘦身的功效。黄瓜中含有的丙醇二酸能够抑制人体内的糖类物质转化成脂肪，从而有效地减少体内脂肪堆积。所以说，黄瓜是个好东西，要多吃。

还有白萝卜。白萝卜本身含热量甚低，且含有一种能促使脂肪进行新陈代谢的酶类物质，可减少脂肪的皮下聚集。其实白萝卜的功效有很多，有句俗语说得好，"冬吃萝卜夏吃姜，不劳医生开药方"。

另一种常见的瘦身蔬菜就是冬瓜了。冬瓜含水分高，含热量很低，有明显的利尿功能，故在清理体内环境和减肥上功效显著。

错误的减肥方法只会越减越肥

谈起减肥，想必每个女人都有很多话要说，说不定聊上个一天一夜都还说不完。但是，也有一些女孩子，减肥方法试了不少，却是越减越肥。为什么呢？因为她走入了减肥的误区。就像本意是去南方，却乘坐了开往北方的车，只会离目的地越来越远。

减肥误区又有哪些呢？

很多女性因为讨厌运动，采用调整型内衣帮自己塑造曲线。要知道，这样其实是没有效果的。调整型内衣只是帮你矫正姿势，令你随时挺胸收腹。你可以将它当成减肥的辅助工具，但绝对不能用它取代运动，它没办法将你身上的赘肉消除。

要将有氧运动和饮食调整相结合，才能达到减肥效果。

你会胡乱吃药减肥吗？

很多女性为了减肥，一听到什么减肥药、减肥茶有效，就想尽办法买来吃，也不管是否来路不明、有没有合格证。要知道，来路不明的减肥药多含有安非他命、类固醇、利尿剂和泻药等成分，安非他命、类固醇会造成血压上升、幻听、多疑、易怒；利尿剂造成脱水；泻药导致肠内菌的生态改变，让大肠蠕动能力丧失，形成永久性便秘。

不少女孩子因为乱吃减肥药吃到面黄肌瘦，整个人病怏怏的，真是得不偿失。连健康都没有了，身材再苗条又能干什么？如此简单的道理，可惜偏偏有人执迷不悟。执迷不悟，如何得幸福？

更有甚者，居然选择断食减肥。

没错，不吃东西一定会瘦。但是长期断食容易导致营养不良、基础代谢减慢，身体渐渐习惯后，即使不吃东西，体重也无法下降。而一旦恢复饮食后，会快速复胖，甚至比原来的体重还要高，造成所谓的"溜溜球效应"。

比断食减肥更不可取的是催吐减肥。

有的女人也不是不吃饭，她是大快朵颐之后又强逼自己吐出来。这是一种自以为很聪明其实很低劣的方法。据说日本著名女星宫泽理惠就是用这个方法快速瘦下来，结果得了厌食症，经过多年的治疗才痊愈。

医生将这种呕吐减肥方法归类为极危险的减肥方法。因为呕吐时，胃酸会伤害食道、喉咙和牙齿，让人感到全身不适，更会导致皮肤粗糙。如果养成想吐就吐的习惯，很可能会导致贪食症或厌食症，伤心又伤身。

听一个女性朋友说，还有一个很秘密的减肥方法是"生理期减肥法"，就是经期后一周不吃东西，每天只补充些流食，多喝水，据说这样瘦得很快。医生却告诫，这样其实很伤身。在经期后一周的时间，因为代谢速度加快，如果断食不吃，会让基础代谢速度减慢，整个人也会显得没有光彩，如同枯萎的花朵一般。

以上这些减肥误区，万万不可走进。

要记住，无论什么事，都要在不损害健康的前提下去做，这样才能获得幸福感。人生一世，草生一秋，幸福最重要。

6. 性感地拥有并享受爱情

恋爱中的女人最性感

俗话说，恋爱中的女人最美，恋爱中的男人最勤快。为什么呢？先说一个生活中常常会遇见的一个小情节。

一对情侣走在街头，女子突然说："看，那里有个美女！"男子顺着女子手指的方向望去，只看了一眼就回头对身边的她说："还没有你美呢！"她听着这话肯定很受用。姑且不谈远处的那个美女是否美过自己，单这一句赞美就足够恋爱中的女人神采飞扬了。

是的，沉浸在爱河的女人往往会收获更多的赞美，也因此更加自信。自信的女人怎会不美？还有，享受爱情的女人爱笑，是发自内心的幸福的笑，这样一张笑脸再配着一颗自信的心，谁能说她不美？

从科学的角度来看，沐浴爱河的女人经常处于激动状态，这促进了体内雌激素的大量分泌，而雌激素在真皮内与其特异受体结合，可促进细胞生成透明质酸酶。千万不可小看这种酶，它可以增强皮肤对很多物质的渗透性，使皮肤的水分含量得到改善，从而更光滑湿润且富有弹性，令女人眉黛含春，姿容格外娇媚。

因此也有人说，不用交谈，仅从一个女人的外貌就可以知道她的恋爱、婚姻状况。

爱情的力量就是如此神奇，它是女人最好的美容剂。

不过，现今人们若要赞美一个女人，说"漂亮"或"美丽"远远没有"性感"一词更让女人生出满心的欢喜。的确，"性感"这个词如今非常时尚，可以说是在送出赞美时使用率最高的一个词。甚至有人说，一个女人被夸赞"漂亮"是寻常，被夸赞"性感"是荣誉。

拥有甜美爱情的女人就更性感了。开篇所提到的那句俗话，加一点时尚的气息去说就是"恋爱中的女人最性感，恋爱中的男人最勤快"。

性感是对女人最好的赞美

说性感，谈性感，那么，何为性感呢？

香港影、视、歌多栖明星莫文蔚说："性感不是衣服穿多少，而是一种态度，一种自信的表现，是内在的东西散发出来的结果。"

就说莫文蔚吧，这个女子五官算不得漂亮，但有谁不说她是性感的呢？她华丽的长发时而如水倾泻，时而放纵不羁的卷而蓬松着；她可以背部全裸地出现在自己的专辑封面，也会穿着卡通T恤和牛仔裤出席新闻发布会；她会带着牙套扮疯癫、扮丑，也会仪态万千地展示着她的标志性美腿……她活得很自我，也很性感惊艳。

正如莫文蔚所说，性感是一种态度，一种自信的表现，是一个女人从骨子里散发出来的魅力。

性感女人不一定容貌出众，不一定穿着时尚，但她历经生活的磨砺，言谈举止不经意间透露出淡定、从容与自信，总会给人带来暖意。

性感是岁月沉淀下来的自然风情，是一种态度。性感存在于一个微笑、一个眼神、一个动作之中，与衣服的领口高低、紧身与否、能否尽显曲线无关。真正的性感与气质一样，不是生理层面的肤浅理解，是思想、精神层次的深度与灵魂，不是所有人都能企及的。

所以，对一个女人最好的赞美，就是说她性感。

而正享受爱情的女人，哪怕旁人不对她直白赞美，但"桃李不言，下自成蹊"，不动声色中她也自有一种性感如阳光散射。

和爱情一起性感的那些细节

老子说："天下难事必做于易，天下大事必做于细。"这其中所说的"细"就是"细节"的意思。最容易让人忽视的细节，往往最具决定性的作用。

细节看在眼里，便是风景；握在掌心，便是花朵；拥在怀里，便是阳光。

就说在爱情中吧，恋人的一个眼神、一次牵手、一丝微笑、一点点细微的举动都会被对方发现，都能令对方心醉。这样的细节是如此的温情，牵动了人性最柔软的情感，就像冬天的一杯热茶，将冰凉的手指一点点温热，心也跟着热起来。

爱情就是这么美好，就是有着如此神奇的魔力。

拥有爱情的女人也拥有许多性感的细节。

比如说，她淡淡的女人香。香水从来都和女人有不解之缘，关于这一点，性感女神玛丽莲·梦露的那句"我穿香奈儿5号睡觉"最能传达其中真意。

一个女人在没有爱情之前也是要使用香水的，而正享受爱情的女人更应该懂得运用香水传达自己的性感。

"她从他的身边走过，轻轻擦肩，就像一阵微风亲吻过花瓣，留下淡淡的清香让他忍不住回头多望了一眼……"这细节，多浪漫！

恋爱中的女人，她用淡淡又绵远的女人香表达自己的幸福。她懂得愉悦自己，更懂得分一杯愉悦给她所爱的男人。她的眼神因幸福而略透慵懒，她的唇部鲜艳欲滴，幸福在她脸上晕染开来，仿佛一抹腮红，又似酒后微醉欲说还羞。这样的她，哪里还用得着去取悦男人，男人望着她想不心动着迷都困难。

比如说，她的声音。撒娇这本领，女人无师自通生来就会，在恋爱中更会运用得淋漓尽致。对男人撒娇可不是取悦男人，而是女人表达自己魅力的一种方式。莺歌燕语、呢呢喃喃，绝对能迷倒任何一个男人。声音也是女人的性感武器。

都说恋爱中的女人最会打扮自己，可不是吗，她有那么多新奇的创意将衣服搭配起来凸显自己的美丽。她的衣服可能不是最贵或质地最好的，但爱情给了她一种神奇的光彩，再平凡的衣裳都能令她神采奕奕。更何况"情人眼里出西施"，男友看着她，怎么都觉得看不够。

沉浸于爱情是世上最美好的事，恋爱中的女人有一千个理由美丽性感，有一千个理由通过微小的细节传达她的幸福。她懂得通过细节展现魅力，也知道运用细节体现品位。细节是生活最柔软、最鲜活、最感性的一部分，细节的力量就是"润物细无声"，不动声色却又充满了吸引力、诱惑力和感染力。

这些都是生活教会女人的事，智慧、优雅、爱自己。

恋爱经：是胖是瘦、是美是丑那个男人都爱我如生命

《恋爱经》共1卷24节，旨在教会恋爱中的宝贝表达并传递美丽。

（1）爱情就是这么神奇，在爱情没有开始之前，你永远想象不出自己会爱一个人爱到难割难舍，甚至还会嘲笑那些陷入爱里的人。等爱情来了你才发现，原来你并不比谁精明多少，你也是傻的，不过傻得幸福。

（2）原来爱一个人是如此美好又寂寞的事。

（3）恋爱中的女人最性感，恋爱中的男人最勤快。

（4）一段感情，就像一双鞋子。鞋子的好坏不在于别人怎么评说，关键要看你穿上去是否舒适。

（5）坏男人各有各的不是，好男人总有一些相似的品性，与职业和地位无关。

（6）成年女子须得思索，爱怎样的一个男人才算值得，嫁给一个怎样的男人才不辜负这一生。

（7）女人是花，花开在枝头上，而不是低到尘埃里。女人要把自己变成一棵花树，只要四季轮回，就可以开出新的花来，而不是一朵采摘之后就会枯萎的玫瑰。

（8）这世界什么都好抵抗，唯有诱惑使人无能为力。

（9）那些惯于甜言蜜语的男人，他会说甜言蜜语给你听，可能也会说给别的女人听。

（10）男人要求过分是他的错，你也要反省自己是否在纵容他犯错。

（11）生活最动人之处在于，你永远都猜不到下一个路口会遇见谁。

（12）你可以接受他不是科学家、不是作家，但他一定要是一个"生活家"，是"爱妻家"。

（13）你和他在一起，就是为了心心相印，而不是为他能支付各种账单。

（14）知道自己想要怎样的男人，并能看清眼前的男人到底是不是你要的那一个，每一个幸福的女人都应具备这样的智慧。

（15）谁说这世上没有美好的爱情？不是没有，只是有些人没有遇到，或者受过伤，却就不肯相信了。

（16）对于女人来说，最重要的不是胸围大小，而是智慧的多寡。

（17）上天对每个人都是公平的，关了这扇门的同时会为你开另一扇窗。你在某方面有所不足，但会在另一些方面很有优势。为什么不发挥你的优势，将自己的生活和事业打理得更优秀，从而更引人注目呢？

（18）男人爱一个女人，环肥燕瘦，他总能找到喜欢和爱的理由。

（19）问世间减肥为何物，直教女人一生翻来覆去折腾。

（20）爱情是女人最好的美容剂。

（21）一个女人被夸赞漂亮是寻常，被夸赞性感是荣誉。

（22）性感不是衣服穿多少，而是一种态度，一种自信的表现，是内在的东西散发出来的结果。

（23）性感女人不一定容貌出众，不一定穿着时尚，但她历经生活的磨砺，言谈举止不经意间透露出淡定、从容与自信，总会给人带来暖意。

（24）最容易让人忽视的细节，往往最具决定性的作用。

第三章 荧光灯篇

当爱情走进婚姻有张怎样的脸最幸福

灯下诗话：催促那个你爱的男人给你暖被窝去

菊花新

（宋）柳永

欲掩香帏论缱绻。先敛双蛾愁夜短。

催促少年郎，先去睡、鸳衾图暖。

须臾放了残针线。脱罗裳、恣情无限。

留取帐前灯，时时待、看伊娇面。

有一些夜晚很长。

那都是些什么时候呢？"平生不会相思，才会相思，便害相思。"是这时吧？想一个人的时候，白昼长，天总不黑，黑夜也长，天总不亮。

有一些夜晚很短。

白居易有诗写道："云鬓花颜金步摇，芙蓉帐暖度春宵。春宵苦短日高起，从此君王不早朝。"

芙蓉帐暖，一对恩爱的夫妻，他们总是会嫌夜太短，才轻解罗裳、恣情无限，却就天亮了。尤其洞房花烛之夜，或是夫妻小别重逢之夜，怎么怜爱都不够，只怨夜太短。这是夫妻私房之乐。

宋代词人柳永是最长于写闺房春情的了。

看吧，这一对爱侣，是在冬夜，还是在初春乍暖还寒之时？女人在灯下缝补衣裳，男人在哪里呢？应该就在她身旁紧紧依偎着。女人望着男人，心底是满满的欢喜。夜深了，女人皱了眉头装作漫不经心地感叹："夜真是短啊！"

那个男人应是不甚解风情的吧。听着女人这般情意绵绵地叹息，还木头人一样坐着，不动弹。

女人只好催促："睡吧，把被子暖一下。"

这是一个多么俏皮又充满诱惑的理由。

男人起身走向床，缓慢地解着衣衫。或者他耍赖，不肯自己解衣，孩子一样撒娇着要女人来帮忙。

女人放下针线，笑着走过去。解衣，他的，她的。

两个人却就抱作一团。"脱罗裳、恣情无限"，男人想去熄灯，女人却拦住了他，于是"留取帐前灯，时时待、看伊娇面"。呵，这寒冷却又多情的夜晚，教人怎不抱怨春宵苦短。

再冷的夜，只要两个相爱的人在一起，那都是温暖无限，春情无限。

俗话说"贫贱夫妻百事哀"，我认为这话是不对的。贫贱夫妻，过着琐碎而现实的生活，是会有一些可哀可怜之事。倘若两人情深意重，也是"有情饮水饱"了，温暖无限，也春情无限。

比如李安，这个国际知名的大导演，曾有那么长的一段时间清贫潦倒。在那段时间里，他没有工作可做，仅仅靠着妻子的薪水来维持生计。李夫人却丝毫不曾抱怨，甚至在李安提出学计算机打字以求换得一些钱银时阻止了他："你喜欢电影，还是琢磨你的电影吧。这世界上并不少你一个打字员。"

对一些女人来说，丈夫若是没有工作，整天闲在家中，她兴许是要着急的了。

其实不必。当初肯不顾一切嫁给他，正是因为爱他。你爱的是他这个人，而不是物质。

物质的欲望是远远没有止境的。怎样的生活才算得上好生活呢？即使你有了一百万，也很有可能每天都在发愁如何去赚得另一个一百万。

活着，不过是为了能够有可口的食物填饱肚子，有干净的衣服遮蔽身体，再有一个心爱的人，说说笑笑，求得精神愉悦。这一生大抵如此。正如一首元曲所写："一年老一年，一日没一日，一秋又一秋，一辈催一辈。一聚一离别，一喜一伤悲。一榻一身卧，一生一梦里。寻一伙相识，他一会咱一会，都一般相知，吹一回唱一回。"

有相爱的人，有一榻可容身，有干净的衣衫可遮蔽身体，有粮食填饱肚子，有欢喜之心，这就够了。

最要紧的，就是寻一个相爱的人，和他结婚。白天过完，夜深娇嗔着催促他去暖被窝，"脱罗裳、恣情无限"。天色亮起，开始新一天的愉悦生活。

这应就是好的婚姻生活了。

在我看来，最好的婚姻生活就像荧光灯，不必太耀眼，平平凡凡、简简单单，却是环保节能，寿命长、光效高、显色性好。这就足够了。

这一章，我们就来谈谈幸福女人的幸福婚姻。

1. 我们为什么要结婚

为了美好光阴不虚度所以男女要结婚

《史记·太史公自序》中说："夫春生夏长，秋收冬藏，此天道之大经也。"意思是说，春天萌生、夏天滋长、秋天收获、冬天储藏，这是事物发展的自然规律。

"春生夏长，秋收冬藏"同样可以解释恋爱的男女为什么要走进婚姻殿堂。

熙攘红尘，一对男女，人生初见，两情相悦，恋情就像土壤下的种子暗暗萌生。这是感情的春天，是为"春生"。

他想天天和她在一起，她也是。他们约会，相见，如漆似胶，到最后一分钟都不想分开。恋情就像一棵树，枝繁叶茂。这是感情的夏天，是为"夏长"。

热恋中的男女，或者说恋爱中的宝贝，许下那么美好的山盟海誓，可是这还不够，因为不能天天相对夜夜相随。那么好吧，告诉全世界：我们要结为夫妻，此后不论生病或健康，富有或贫穷，都会始终相爱，直到离开世界。这是"秋收"，硕果累累。

婚后的日子，夫妻相亲相爱。人生的每一步路都互相依偎着走过，每一份感动，每一份欢喜或眼泪，都好生珍藏。老得动不了的时候，就坐在夏日黄昏的摇椅上，或是冬夜里的火炉旁，缓慢而幸福地回忆。是为"冬藏"。

一对男女，因为遇见了——人海茫茫，能够相遇实在不易。相爱了——相遇已是奇迹，又能相爱，这多神奇，于是再也不愿一个人面对生活。没有那个人在身边，心底总是空落落的；没有那人在身边，就算是炎夏也还觉得寒冷，就算花好月圆也觉得无味。人生苦短，为了这美好光阴不再虚度，所以，要结婚。

这应该是最好的解释了吧。

结婚是女人爱自己的一种态度

若你认为用"春生夏长，秋收冬藏"诠释为什么要结婚有些虚幻，就像看着水中的月亮、雾里的花朵，那么好吧，来点实在的。

你和他结婚是为了一起买一套房子吗？是因为房价太高，一个人负担实在是吃力吗？肯定不是。

结婚是为了生孩子吗？也应该不是。对女人来说，做母亲是一件幸福的事，但怀胎十月一朝分娩这个过程其实是一件很艰难的事，倘若不爱那个男人，谁肯忍受那番折磨？

对，是因为爱。因为你爱他，他爱你，所以愿意和他在一起，愿意为他生孩子。看着爱情的结晶一天天长大，这是一件多么美好的事。他还买不起房子，这也没有关系，生活是你和他的，要两个人一起奋斗，去买一套房子安放家，盛放你和他的爱和温暖。

对，是因为爱，所以和他结婚。

饮食男女，活着，就是为了让自己快乐，让身边的人快乐。快乐是因为有爱，而结婚，则是为了让爱情更加完整，然后收获更多的快乐。

就是这样。

爱情成熟，然后结婚，这是女人对自己负责、爱自己的一种态度。毕竟，于一个女人来说，爱情和婚姻就像左手和右手，当爱情和婚姻结合在一起，互为辅助，和女人的生命融为一体，这样才是圆满幸福。

为什么说结婚是女人爱自己的一种态度？如果一个女人经过一段又一段感情，而每一段感情到最后都未能修成正果，这能说是一件值得骄傲的事吗？只能说这个女人在一个又一个男人身上栽了跟头，一直都在"练爱"，分不清什么样的男人才是对的，美好青春不过是虚掷，谁能说她懂得爱自己呢？

当然，不能排除有一些女子只想享受爱情，从不去想将爱情升华为婚姻，这属少数。大多女人都想使甜蜜的爱情成长为美好的婚姻，倘若不是，古人怎会说"愿天下有情人终成眷属"呢？

有一份甜蜜的爱情，热恋之后走进婚姻的殿堂，这"华枝春满，天心月圆"的欢喜，是爱自己的女人智慧生活的结晶。

说什么"婚姻是爱情的坟墓"

有的女人，爱情说来也甜蜜，爱她的男友一直都在催促早点结婚，她只是不肯。她担心爱情一进入婚姻就变了味道，甚至没有了爱情。这是因为她太爱自己太珍惜幸福吗？不是。是她不自信，怕自己没有能力让爱情一直好好地活在婚姻里，是中了"婚姻是爱情的坟墓"这句话的毒。

是谁先说的"婚姻是爱情的坟墓"？实在考证不出来这句话到底是出自何人之口。但是敢肯定，说这话的人一定有着很糟糕的婚姻。只有痛得深才能有撕心裂肺的感悟。

这句话众口相传，看上去深得人心。但是，大伙儿交口相传的就是对的吗？不是。这句话就像是感冒病毒，由病人传染给免疫力低下的人群，然后一直传，所有患病的都是免疫力低下，或者说是不懂得好好照顾自己的人。

这句话之所以流传甚广，还可以用"好事不出门，恶事行千里"来解释。比如某人做了一件好事，可能没人帮着到处传颂，夸赞那人是个好人；倘若做了恶事，对不起，很可能一夜之间就臭名昭著了。

想想看，你身边的那些夫妻，最使邻里熟知的是最恩爱的吗？不一定。最为邻里熟知的往往是夫妻失和的，不是丈夫出轨就是妻子红杏出墙。

如此说来，"婚姻是爱情的坟墓"这句话实在不可信。倘若竟因这句话而畏惧结婚，真傻。

会爱的女人在婚姻里找到幸福

你要对婚姻有正确的认识。

如果将婚姻比作一个季节的话，应该是秋天，是爱情收获的季节。爱情发展到了一定阶段，成熟了，相爱的男女就像农夫拿起镰刀将之收获。

如果说男人和女人是海面上的两艘船，那么是爱情将这两艘船拉近，而婚姻则让这对男女合并为一艘更大的船，从此乘风破浪，患难与共。婚姻让爱情有了结晶，有了归宿和依靠，更让爱情得以进一步升华。

也可以这么说，在婚姻之外裹足不前的爱情只是一种缥缈的情感，虽然时常有花前月下的浪漫，美则美矣，但落实不到烟火岁月之中，开不了花结不了果。

　　一定程度上说，爱情只是两个人的看起来很光鲜的浪漫，而婚姻中一个苹果的关怀或一杯茶的温馨是比浪漫更值得品味的一种感觉。只有爱情走进了婚姻的殿堂才能开始真正意义上的生活。

　　至于婚后，两个人是否还会像初恋时那样送对方一束鲜艳的玫瑰，是否还会像热恋时那样来一次甜蜜的旅行，是否还会像婚前那样以自己的聪明才智和激情去促进彼此爱情的升华，这不仅需要两个人共同努力，更需要恋人双方投入更新鲜的东西和逐渐发现对方身上新的优点或光彩。

　　会生活的人有能力让爱情一直好好地活在婚姻里，爱情和婚姻相得益彰珠联璧合，生活美满幸福。

　　婚姻怎会是爱情的坟墓呢？爱情的长久性并不会因婚姻而改变。

　　在生活中，你一定见到过这样的场景：一对老夫老妻在朝阳里一起晨练，在夕阳下牵手散步，互相搀扶。这是生活中最美最温馨的画面，这样的场景令人感动。

　　想想你的父母吧，他们恩恩爱爱白头偕老，你从小就见证了他们很多生动感人的生活细节，你不想也有那么一个人和你一起营造这种幸福生活吗？

　　为什么只愿意看见悲凉的一面，而总是忘记其实这世界上最多的还是温暖和浪漫呢？就像有句话说，不是这世界缺少美，而是我们缺少发现美的眼睛。

　　婚姻是爱情的坟墓还是天堂，就看怎么去经营了。对于聪慧的女人来说，将婚姻生活过得花团锦簇，并不是一个难题。只有那些不自信、不懂爱的女人，才会担心将爱情埋葬在婚姻里。

　　网络上有一句流传甚广的话是这样说的：很多人说婚姻是爱情坟墓，但能够入土为安的爱情总比暴尸街头要好。

　　这话虽说有点偏激，但总比抱着爱情在婚姻殿堂外徘徊要好，至少有勇气去婚姻里试试水，哪怕是当成一场华丽的冒险。

　　为什么要结婚呢？因为爱情成熟了，因为你是智慧的是自信的，相信自己有能力把爱情和婚姻调和得有滋有味。

2. 什么样的男人和什么样的婚姻

要一个什么样的男人为你披上婚纱

当然，在结婚之前也是要做一些功课的，就像在恋爱前要做一些功课一样，关于男人的功课。如果说在恋爱前所做的功课只是关乎你和他能否两情相悦，那结婚前要做的功课就是看这个男人是否能对你终始如一，能否提升你在烟火岁月中的幸福感。

那么，和一个怎样的男人结婚才最幸福呢？对此，我曾做过一份调查问卷，就将在调查采访时听到的声音回馈给你，你看看别人是怎么说的，然后"对症下药"。

孟晓菲说："嫁给真心关爱、呵护你的人最幸福，这主要在长期生活中体验。第一，他是你爱的人；第二，你是他爱的人。"

莫莫说："嫁一个自己爱的并爱着自己的人。他也许不富有，可是他不会让你饿着；他也许不浪漫，但不会让你孤单。这个人就是能陪你笑，陪你哭，无怨无悔陪你走完下半生的人。"

吴冬琴说："幸福来自心里。对生活满意了，就是幸福。所以得找个有责任心，也有能力负起责任的男人，一个爱你疼你的人。两个人性格也要合得来。还有，最好也是你爱的。即使不爱，也得有好感。没人会跟一个自己讨厌的人在一起还觉得幸福。"

网友"顺其自然"说："有责任感、事业心、上进心、孝心、懂得关心、真正爱自己的，不一定要帅，也不一定要有钱。"

网友"游啊游"说："嫁给一个你爱他，他爱你更多的男人！"

网友"想念已成狂"说："爱自己的男人，顾家的男人，负责任的男人。你生病时在旁边照顾你，你不吃饭时管着你，你需要依靠的时候肩膀给你靠的男人。"

网友"春天来了"说："最主要的是彼此相爱，最好达到爱上彼此缺点的程度。其次经济基础要好，这样才能生活轻松点，但这不是主要的。"

网友"唯一的爱"说："他不一定要多金，但一定要细心。细心的男人会在意你内心的感受，会在你最孤独的时候留在你身边，会带给你宁静与安心。你的喜怒哀乐他会看在眼里、记在心里，会让你快乐、让你重拾自信、让你成为世界上最幸福的女人。他不一定要高大帅气，但一定要有个性，他不必多情但必须专一。"

网友"篮球员的妻子"说："每天都会给你晚安吻和早安吻的男人。"

网友"蝈蝈和蛐蛐"说："责任感比较重要吧！我认为一个男人的上进心也很重要，有上进心还怕赚不到钱？"

网友"守望麦田"说："这要问你认为什么是最重要的，是金钱带来的感官快感，还是感情带来的精神愉悦？有责任心的男人即使没钱，也会努力挣钱，有钱的男人却不一定都有责任心。如果他没有责任感，即使有再多钱，你可能连一分都享受不到。"

网友"娃娃哈"说："你喜欢就好啦，想那么多干吗？"

……

一千个人眼里有一千个哈姆雷特，同样，要问和一个怎样的男人结婚最幸福，不同人也会有不同的答案。但是，托尔斯泰先生也说了："幸福的人都是相似的，不幸的人各有各的不幸。"

通过上述各种各样的答案，你一定发现了，在挑选男人时女人都很看重以下这三个方面：

这个男人是你爱的，同时他也爱你吗？答案如果是，和他结婚！

这个男人有责任心吗？如果他有，抓紧他！

这个男人有上进心吗？有上进心的男人很可贵，值得你拥有。

如果和你谈婚论嫁的那个男人，上述三点集于一身，还犹豫什么呢，勇敢地和他结婚！

选择了一种婚姻就是选择了一种生活

爱自己的女人想有一份幸福的婚姻，当然可以任着自己的性子去挑选男人。但是，你也一定要记住，挑选男人的时候，要有一个健康的心态。你是为了爱情，为了幸福的生活而挑选。

一旦选择了某个男人，和他结婚之前你就要清楚，你所选择的绝不仅仅是一份婚姻，而是一种生活。

为什么说选择了和哪个男人结婚就是选择了一种生活呢？

因为，你选择了他，就代表认同并从心底接受他的生活方式，从此以后你要为你的这份选择负责。这不是说要你改变自己去迎合他，你不必迎合他，他也并不希望你嫁给他后就忽然变了样子，变得一点都不像结婚之前的你了，这不是他想要的，因为他爱的就是本真的你。而是说你选择他之后，不要试图改变他本来的样子；就像你不必为他改变自己的本性一样。更重要的是，生活从此就是你们两个人的生活了，要和他共同撑起生活的大船，幸福航行。

还有，婚姻不只是你和他之间的事，你的身后有你的亲朋，他的身后也有他的亲朋，你要有心理准备，迎接并打理好你的亲朋和他的亲朋两相交汇后所出现的新的生活。

是的，婚姻也可以说是考场，测试你的还有他的生活智慧，你的生活智慧有几分往往影响着婚姻的质量。要不然，人们怎么会说"一个成功的男人背后都有一个成功的女人"，又说"好男人是聪慧女人调教出来的"？

婚姻是什么样的你要有一些认识

你知道了要和什么样的男人结婚才是幸福的，但在走进婚姻之前你也要对婚姻有一些认识。为什么呢？就像要去某景点观光，你得先对这景点有一些了解，前往之后才能更好地领略那儿的风景。当然，这份认识可以不必太深，因为深切的认识只有进了婚姻殿堂的人才能体会。

认识这些有关婚姻的东西，和前面章节所讲到的"女人要爱自己，不必去取悦谁，始终保持自己的完整"的观点并不冲突，是相辅相成相得益彰。因为只有把生活调理得顺顺当当你才是愉悦的幸福的。能通过自己的智慧拥有一份美好的生活，正是女人懂得疼爱自己的最好体现。一个生活得一地鸡毛的女人，谁肯信她懂得生活，享受生活更无从谈起。

如何认识婚姻呢？那就要了解婚姻是什么。

婚姻是什么呢？

婚姻是一面镜子，它把两个人的优点、缺点毫不保留地展现出来，不排除镜中人不能接受缺点的存在，打碎这面镜子。

这是客观存在的问题，要正视，不要想着回避。你知道的，金无足赤，人无完人，选择了他，就要接受他的优点和缺点。这也是为什么说选择了一个人就等于选择了一种生活。

婚姻是白开水，平淡无味，不排除有人喝腻了想换可乐，但最终还是要靠白开水解渴。

是的，婚姻是平淡的，再加上柴米油盐酱醋茶的琐碎，恋爱时的风花雪月似乎一下子都消失了，有些人进了婚姻的城之后就感到难以忍耐了，想着要出城。但是，出了城的到最后还是会另找一个人重新进城。与其这样翻来覆去地折腾，不如第一次进城安营扎寨时就好好经营，用智慧和爱为婚姻加一点糖。

婚姻是一条河，由两条小河汇流而成，而这条河注定有险滩和暗礁，不排除有一条小河自己改变流向。

婚姻是一棵小树，需要种树的两个人同时用情的阳光和爱的雨露去呵护和浇灌它。如果缺少情和爱，这棵小树会夭折。

婚姻是五味瓶，甜酸苦辣咸是它的滋味，只有尝遍这各种滋味婚姻才算完整。不排除有人尝不了酸苦辣咸，舍它而去。

婚姻是两个人的旅行，如果有一人掉了队，前面的人必定会遇到另外一人，与其同行。

婚姻是一场特殊的战争，注定战事不断，停停打打，没有胜负。不排除有人弃战而逃，但终究还要投入另一场战争。

婚姻是围城，责任和道德是城墙，不排除有的人视城墙为皇帝的新装，放任自己出城看风景，把快乐建立在另一人的痛苦之上。

婚姻是一条绳索，有的是把双方连在了一起，有的是把双方绑在一起。

你要知道，这条绳索的前身就是"千里有缘一线牵"的那条"红线"。红线到底是把两个心心相印的人连在一起，还是将一对冤家绑在一起，这就看婚姻里的两个人是如何经营生活的。多像做生意的两个合伙人，有的能同心协力共谋幸福，有的却在一段甜蜜后倒戈相向最后分道扬镳。

　　婚姻是一副眼镜，这副眼镜可以矫正双方的视力，从而使他们明白：啊呀，原来他（她）竟是这样的！

　　为什么人们说"结婚前要睁大双眼，结婚后要睁一只眼闭一只眼"，就是这个道理。只有在结婚前先看清认准那个人适不适合结婚，在结婚后戴上婚姻的眼镜才不会哑然失色或后悔不迭。这也是我为什么要再三告诉你，恋爱时要做一些关于男人的功课，结婚前也要做一些关于男人的功课。只有做足功课，进了婚姻的考场才能考出优异的成绩。

　　婚姻是一道菜肴，丈夫喜欢吃咸的，于是只管往里放盐；妻子喜欢吃甜的，于是只管往里放糖……如此这般，结果当这道菜出锅以后，谁也没法儿吃了。

　　说到这儿，不得不讲讲在生活中关于宽容的智慧。宽容他，不是取悦他，也不是迁就他，而是懂得他有他的个性你有你的个性，你要有能力将你们两个人的个性和平相处，就像一山容二虎。至于彼此如何宽容相待，二虎如何共处一山，这要因人而异因事制宜。没有一个高大全的模式去生搬硬套，只有"宽容"二字可供揣摩，自家实际生活中用心修炼。

　　婚姻是一床棉被，款式如何并不重要，重要的是必须暖和。

　　婚姻是一场赌博，这种赌博的必然规律是：你的赌注越大，手气越糟。不过，好在夫妻双方玩的是"一家牌"，所以你可以随时把握对方的牌局，他想吃哪一张，你就及时地给他打出去。

　　"他想吃哪一张，你就及时地给他打出去"？或许有人会说，这不是在取悦他吗，太有悖先前所说的"不取悦不讨好"了。真傻，夫妻双方玩的是"一家牌"，哪里是取悦他讨好他，顶多也就是以退为进然后图个双赢。倘若一定死磕"不取悦不讨好"的六字经，只能说你没有真的搞懂何谓"不取悦不讨好"，你只适合去打仗，需要在婚姻的城外继续"练爱"，一边操练一边继续成长。

　　婚姻是一桌宴席，饭菜越好，需要洗的碟子越多。

　　婚姻是一项投资，爱情相当于注册资金，结婚证相当于营业执照，婚礼相当于开工典礼。至于效益如何，那就看甲乙双方的合作情况了。

　　对，婚姻就是这个样子。

你做好准备了吗？如果万事俱备只欠结婚，好，进城吧，在城里好好经营你所选择的男人，经营好你所选择的婚姻生活。记得带上爱情，让爱情一直好好地活在婚姻里。

3. 来自有钱男人的一封信

你当然有权利选择嫁给有钱人

如果你经常通过电视看一些综艺节目，如果你的记性还不错，你一定会记得，2010年江苏卫视有一档很火的婚恋交友节目——《非诚勿扰》。

在《非诚勿扰》的舞台上曾出现过很多特立独行、"出口不俗"的女嘉宾，朱真芳是其中之一。

某期节目中，《非诚勿扰》的心理点评专家乐嘉向朱真芳提问，在"男朋友是开心果"和"豪宅"中你会选择哪个？她毫不犹豫地选择了"豪宅"。

在接下来的节目中，朱真芳再度口出"豪语"。先是某男嘉宾想和她握手时，遭到她的拒绝，理由是："我的手只给我男朋友握，其他人握一次20万。"

主持人孟非问朱真芳为什么是20万，而不是10万或者25万？她这样回答："因为我的男友就是要20万月薪才行的。"令被拒男嘉宾十分尴尬。

当男嘉宾"富二代"费凡尚未曝出真实身份而手拎环保袋看上去略显寒酸地登场亮相时，女嘉宾纷纷灭灯，朱真芳却仍然选择亮灯。为什么？她说她"闻到了豪宅钥匙的气味"。此语一出，顿时令现场嘉宾和观众一片哗然。

我们国家向来讲究含蓄美，朱真芳太不含蓄了，她很大胆地张扬自己的心声，她就是想嫁个有钱人。因此，她遭到网友的痛批，终于招架不住，遗憾地离开了相亲舞台。

网友们痛批朱真芳的拜金观，《非诚勿扰》的另一位女嘉宾袁媛则说："想要通过婚姻来改变命运，她不是第一个，也不会是最后一个，她只是敢于表达自己的想法而已。"

是啊，朱真芳有什么错呢？有谁能够像她这么勇敢，在万众瞩目下大声喊出要嫁个有钱人？

这个世界上有太多的女人想要嫁个有钱人，只是她们没有大声说出来而已。说或不说，都不得不承认，想要嫁个钻石王老五不是某一个女人的梦想，连本身已很有钱的女明星都挤破头想要嫁入豪门，何况是普通女子？

这不是说女人想嫁个有钱人，就是奔着钱财而去。如果一对男女相爱，恰好男方又很有钱，这当然是好事。

就算是在《非诚勿扰》的舞台上，有些女嘉宾声称要找个有钱人，但你有没有发现找个有钱人只是她们择偶条件中的一条，她们还很注重对男人有没有心动，男人是否有良好的品行等等。

任何一个女人都有权利去做嫁个有钱人的梦，只要她愿意，只要她开心，只要她认为那样可以收获幸福。

嫁大款就像抢银行，收益大但后患无穷

如果生活中真的出现了一个有钱的男人，他就站在你的面前，就真的要嫁给他了吗？不一定，他有钱当然好，但还要看他除了富有之外还拥有什么，是否能打动你的心。

生活其实就是一把双刃剑，嫁给有钱人尤其如此，绝对是人生中一笔巨大的风险投资。错了，一入豪门深似海；对了，美满幸福百年长。

有钱的男人大多都会沾染酒气、脂粉气和铜臭味，并且大多都很忙，忙得顾不上回家。是否是真的忙着事业，还是另有贵干，只有他和鬼神知道了。

如果你想嫁给一个有钱人，首先请你做好准备：第一，容忍他常常夜不归宿，容忍自己常常独守空房；第二，有时他突然像个贵宾一样光临你们的家，你要能够微笑着接受他身上浓重的酒气和不知从哪里带回来的脂粉气；第三，如果你是来自一个普通家庭，你要容忍他以恶意揣测你是贪图他的钱财而来。

当然，还有其他一些比较琐碎但很艰难的细节，你都得容忍。

这么说吧，在你打算嫁入豪门之前，请先参照娱乐圈那些花容月貌的女明星，比如贾静雯、黄奕、李湘等等，她们在嫁入豪门之前，个个都已身家不菲，并且个个美若天仙，但是结果呢？

贾静雯哭哭啼啼地离开了豪门；李湘闪婚又闪离，到最后还不是嫁了个名气不怎么样但很朴实的导演；黄奕也是闪婚又闪离，一提起那来也匆匆去也匆匆的豪门贵妇生涯就泣不成声……

你呢？你有什么呢？自身的好家境？绝色容貌？

俗话说，婚姻是讲"门当户对"的。门不当户不对，恐怕踏入豪门之后，只有难以言说的悲苦迎接你吧。

当然，女人有颗想要嫁个有钱人的心一点都没有错，谁不想拥有锦衣玉食的生活呢？男人有时还想找个富婆"嫁"了呢，何况女人？

但是，在嫁入豪门之前，是有前提的，就是你要嫁给的那个有钱人除了钱之外，还有更多值得你珍惜的东西，如上进、善良……如果是这样的话，勇敢地嫁个有钱人，为什么不呢？

如果那些前提都没有，而"灰姑娘"一定要冲进豪门，我只能说：嫁大款就像抢银行，收益大但后患无穷！

上面所陈述的都是关于有钱人的种种不好，那是否就可以棍扫一大片，说所有的有钱男人都是花花太岁呢？当然不能！在这儿只是因为将"有钱男人"这一特殊对象单独拿出来细细分析了，更多是分析嫁给有钱男人的风险性，所以会有一种错觉，有钱男人就是坏的。

其实，没钱的男人照样有花心大萝卜，有钱的男人也有许多是忠厚朴实的。这世界上所有人、事的好或不好，没有绝对只有相对，有叫人一看就很高兴的，也有叫人避之唯恐不及的。

真的遇见了一个爱你的有钱人，并且那个男人温厚恭良、谦谦君子，这当然好。平凡的灰姑娘再也不用每天晚上睡在壁炉的灰烬中，而是踏上了红地毯走入豪门，得到了甜蜜爱情，又锦衣玉食，多好。

至于嫁入之后，后来的事实在难测。就像童话故事中，往往以王子娶了公主做结局，至于王子和公主的婚姻是什么样的，没有谁能看到。所以我说，嫁给有钱人就像抢银行，收益大，但或幸福或凄凉实在难料。

你想要赌一把，可以，每个人都有权利去走自己想要走的路，但也要能勇敢地担负随同你的选择而来临的一切，好的，或不好的。

来自有钱男人的一封信

曾有一个漂亮的美国女孩，在美国一家大型网上论坛的金融版上发表了这样一个问题帖：我怎样才能嫁给有钱人？

帖子中这样写道：

我下面要说的都是心里话。本人25岁，非常漂亮，谈吐文雅，有品位，想嫁给年薪50万美元的人。你也许会说我贪心，但在纽约年薪100万才算是中产，本人的要求其实不高。

这个版上有没有年薪超过50万的人？你们都结婚了吗？我想请教各位一个问题——怎样才能嫁给你们这样的有钱人？我约会过的人中，最有钱的年薪25万，这似乎是我的上限。但要住进纽约中心公园以西的高档住宅区，年薪25万远远不够。我是来诚心诚意请教的。

有几个具体的问题：

有钱的单身汉一般都在哪里消磨时光？（请列出酒吧、饭店、健身房的名字和详细地址。）

我应该把目标定在哪个年龄段？为什么有些富豪的妻子看起来相貌平平？我见过有些女孩，长相如同白开水，毫无吸引人的地方，但她们却能嫁入豪门。而单身酒吧里那些迷死人的美女却运气不佳。你们怎么决定谁能做妻子，谁只能做女朋友？（我现在的目标是结婚。）

——波尔斯小姐

帖子发出不久，引起了轰动。

是的，那个漂亮女孩等到了一个为她解答的男人。华尔街的一个金融家，他是这样回帖的：

亲爱的波尔斯：

我怀着极大的兴趣看完了帖子，相信不少女士也有跟你类似的疑问。让我以一个投资专家的身份，对你的处境作一分析。我年薪超过50万，符合你的择偶标准，所以请相信我并不是在浪费大家的时间。

从生意人的角度来看，跟你结婚是个糟糕的经营决策，道理再明白不过，请听我解释。抛开细枝末节，你所说的其实是一笔简单的"财貌"交易：甲方提供迷人的外表，乙方出钱，公平交易。但是，这里有个致命的问题，你的美貌会消逝，但我的钱却不会无缘无故减少。事实上，我的收入很可能会逐年递增，而你不可能一年比一年漂亮。

因此，从经济学的角度讲，我是增值资产，你是贬值资产，不但贬值，而且是加速贬值！你现在25岁，在未来的5年里，你仍可以保持窈窕的身段，俏丽的容貌，虽然每年略有退步。但美貌消逝的速度会越来越快，如果它是你仅有的资产，10年以后你的价值堪忧。

用华尔街术语说，每笔交易都有一个仓位，跟你交往属于"交易仓位"(trading position)，一旦价值下跌就要立即抛售，而不宜长期持有——也就是你想要的婚姻。听起来很残忍，但对一件会加速贬值的物资，明智的选择是租赁，而不是购入。年薪能超过50万的人，当然都不是傻瓜，因此我们只会跟你交往，但不会跟你结婚。所以我劝你不要苦苦寻找嫁给有钱人的秘方。

顺便说一句，你倒可以想办法把自己变成年薪50万的人，这比碰到一个有钱的傻瓜的胜算要大。

希望我的回帖能对你有帮助。如果你对"租赁"感兴趣，请跟我联系。

罗波·坎贝尔（JP摩根银行多种产业投资顾问）

看过罗波·坎贝尔的回帖你如何想？

最值得你琢磨的应该是这句话："你倒可以想办法把自己变成年薪50万的人，这比碰到一个有钱的傻瓜的胜算要大。"

等着嫁给一个有钱人，不如依靠自己的智慧，想办法把自己变成有钱人。

还有，关于婚姻自古有遗训：门当户对。明代文学家凌濛初在《二刻拍案惊奇》中也写有这样一句话："满生与朱氏门当户对，年貌相当，你敬我爱，如胶似漆。"看，"门当户对"在先，"你敬我爱如胶似漆"紧随其后。

为什么一定要讲究门当户对呢？因为恋爱是两个人的事情，但婚姻是两个家庭的事情。家庭氛围、家庭的生活方式和文化是在一个家族一代一代沿袭下来的，即便周围的环境有变化也不会轻易改变。两个家庭如果有相近的生活习惯，对现实事物的看法相近，生活中才会有更多的共同语言，才会有共同的快乐，才会保持更长久的彼此欣赏，也才会让婚姻保持持久的生命力。

至于是要嫁个门当户对的呢，还是勇攀高枝，你有选择的自由。

无论怎样都请你将"爱自己"和"追求幸福"放在前面为你开路，然后才是选择和谁结婚，选择一种你想要的也适合你的生活。这样就好。

4. 孩子不是你谋取幸福婚姻的武器

谁在拿孩子要挟婚姻

先来看一封网友的求助信。要声明的是，这是一名男网友。在信中他这样写道：

　　我和前女友处了六年，因为她家庭的原因我们分手了。分手当天下午我就去相亲，5天后就和相亲认识的那个女孩订婚，之后同居生活。这时我才发现其实我们两个人并不是特别合适，最起码她不是我理想中的那种。

　　我想趁早结束这段感情，也就是退婚。这个时候她告诉我她怀孕了。我很无奈，我的家人逼，她的家人也逼，非让我去结婚。我同意了。当我冷静下来，才发现自己太冲动了，我才24岁，还不想这么早就结婚生子，不管是从经济还是心理上都接受不了。再说她怀孕的时候我烟酒不断，喝酒尤其厉害。我跟她解释暂时先不要孩子，她不同意，坚持要生下来。理由很简单，她感觉这段时间我有点冷落她，怕堕胎之后我不跟她结婚。

　　现在两家僵持不下。我该怎么办？

　　如果想骂就骂我吧，什么不负责任、不像男人之类的，随便骂吧！我错就错在冲动地和她住在一起。刚开始我还对她没有什么反感，但现在她以小孩子要挟我确实让我很反感！我有必要因为她怀孕了就去和她结婚吗？她说她一定要生下孩子，一点儿都不肯让步，意思就是必须立刻结婚！

　　"认识5天就订婚"、"意外怀孕"、"以孩子要挟结婚"，这是这封信的关键字眼。

　　"认识5天就订婚"，这并非不可以，世间是存在一见钟情这回事的。但错就错在这名男网友和前女友分手当天就去相亲，是赌气吗？想证明自己离开她后很快就能找到新的女友？应该就是赌气，所以一相亲就订婚。这男网友被失恋冲昏了头脑，想抓一根稻草来拯救自己。

　　"意外怀孕"？怀孕有那么多意外吗？大多是因为没有做避孕的安全措施。更意外的是，等到发现女方怀孕时，他才突然醒悟说两个人性格其实不合，不想结婚，不想要孩子。这分明是始乱终弃。他说他不介意被骂"不负责任""不像男人"没担当之类的，这点他倒有自知之明，知道自己确实应该遭到谴责。可是，这有什么用呢？说到底他还是不想同那个女子结婚，不想担负男人应担负的责任。

那个女子呢，也真是糊涂，怎么可以刚认识就和他同居呢？为什么没想到给双方多一些时间，彼此了解一下呢？也太不爱惜自己了吧？就算是对他一见钟情，但女人还是要矜持一点好，懂得矜持的女人更能赢得真爱。

对男人来说，他一句"意外怀孕"说得不痛不痒又将责任推卸得一干二净，苦的还是女人。为什么不提醒他做一下避孕措施呢？是因为和他订婚了，就觉得一切是水到渠成高枕无忧了？你和他只是订婚，又不是结婚。对一个女子来说，未婚先孕不是一件理智的事。

更不理智的是，还期望用肚里的孩子换取一纸结婚证书。

姑且不说男人其实是很反感被女人这般交换或那般要挟的，单问这女子：你为什么要和那个男人结婚？因为父母之命，媒妁之言？因为孩子？因为未婚先孕这不甚光彩的名声？

或许理由有很多，但是这么多理由里根本看不见最重要的那一条：女人应该为自己的幸福生活而结婚。

尤其是当她告诉男人她怀孕之后，男人露出了不想负责任的嘴脸，她居然还不醒悟，想着用肚子里的孩子要挟这婚姻。好吧，即使能够和他结婚，婚后会幸福吗？实在难说！

一段不幸福的婚姻，要它干什么？等着承受家庭暴力？等着去奴颜婢膝地做他的家庭保姆？等着让自己整天整夜地以泪洗面？

对于婚姻如何取舍，女人其实不用多想，只看自己是否爱那个男人，而那男人是否也爱你，这就够了。

不要因为肚子里怀了他的孩子，就要求他和你结婚。如果他主动——任何一个懂得爱的、有责任心的男人，当他的女人怀孕后，他都会主动要求结婚的。如果他躲避，只表明他根本不是一个好男人，至少在你面前他称不上好男人，既然如此和他结婚干什么？更何况，你这根本不是两情相悦地结婚，是交换。婚姻大事，怎可交换？

还有，男人最不喜欢的就是胁迫。他们有时很没出息，无缘无故送上门的会认为是不值得的，只追求那些费尽千辛万苦才得到的。尤其是胁迫或交换这种方式，很容易就把他们的皮球劣性给激发出来，你越拍他弹得越高越远。

就算僵持到最后，婚终于结了，两个大人，如愿以偿的如愿以偿，心中忿忿不平的忿忿不平，婚后的日子想必也是过得疙疙瘩瘩的，孩子生长在这样的家庭环境里，真不是一件幸事。更不幸的是，从一开始孩子就是大人谋取婚姻的武器，这对孩子实在不公平。

孩子是无辜的，不应该成为任何一方谋取或交换某种东西的筹码。

说到底一家人都生活得不开心，那还组建这个家庭做什么呢？

是的，并不排除这样一种情况：先前为了结婚这事儿闹得鸡犬不宁的一对男女，终于结婚。生活一段时间后，相互磨合，两个人竟变得相敬相爱如胶似漆了。若真能这样，当然是好事。

可是，"明日隔山岳，世事两茫茫"，谁知道后来的情况是怎样的呢？要赌一把吗？赢了倒好，输了呢，一辈子的幸福就这样赔了进去。人生短短几十年，若生活不幸福实在是辜负。

还是在结婚前睁大双眼将男人看清吧。他是个好品性的男人，又爱你，你也实在爱他，那么就和他结婚。如果不，还是不要赌了。成年人的婚姻不是儿童过家家，这游戏女人玩不起赌不起。

孩子永远都不能也不会是幸福婚姻的筹码

以孩子为筹码去换取一纸婚书，是不理智的。若走进婚姻之城的一对男女，也以孩子为筹码，维系情感破碎的婚姻，也是不理智的。

有一对夫妻，共同生活了几年后，男人突然提出离婚。为什么要离婚呢？婚姻是一面镜子，把两个人的优缺点毫不保留地展现出来，镜中人不能接受缺点的存在，想着打碎这面镜子。男人提出离婚，女人不答应："不离，坚决不离，离了婚孩子怎么办？"

孩子，还是孩子。女人想用孩子这个筹码来换取男人的同情心，甚至说："你怎么不为孩子想想？为了孩子还是将婚姻维持下去吧。"

为了孩子，这理由听起来很堂皇，其实是女人想不开。男人又不是傻子，在他提出离婚之前，肯定所有问题都想过了。既然他敢提出离婚，就说明他不在乎他的骨肉了。

事情都这样了，女人再哀求着为了孩子不要离婚又有什么意义呢？

就算女人是爱情的动物，婚姻的动物，更是生活的动物，一心只想着好好生活，快乐，幸福。可是，感情已经破裂的两个人还会有什么快乐和幸福可言？

生活中也不乏这样的故事，有些家庭，男人在孩子这个筹码的胁迫下，不和女人离婚了。但是，在这个家庭中，他从此也做了隐形人，不回家，凡事不管不问，在外面和别的女人瞎折腾，而家中的妻子却整天辛辛苦苦，像个保姆一样操持着家中繁杂的事。女人幸福吗？即使会笑，想必也笑得很苦涩。

罢罢罢，不如就成全他，在他提出离婚时答应他，优雅地转身，做个独立的女人。

就算孩子的抚养权归女人，世界上单亲妈妈多了去，并非没有男人她就撑不起这个担子。如果实在撑不住，孩子归男人养去，你去寻找你的新生活就是了！何必像两只刺猬绑在一起一样呢？

孩子，永远都不能也不会是幸福婚姻的筹码，不要试图拿孩子来博取或交换。

懂得爱自己的女人要时刻保持清醒，强求来的婚姻就像强扭下来的瓜一样，不会甜的，为什么还要往嘴里送？你又不是生来就为忍气吞声而活。

俄国著名诗人、"太阳的歌手"巴尔蒙特在诗中热情洋溢地写道："我来到这个世界，为了看太阳。我来到这个世界，为了看大海和繁花盛开的山谷。我和这个世界当面签下字据，我就是这个世界的主宰。"

女人也是，来到这个世界，就是为了看太阳，为了看大海和繁花盛开的山谷，是这个世界的主宰。她主宰着自己的生活，主宰幸福。

每个女人的生活幸福与否，都由她自己主宰。她选择怎样的姿态来面对男人和生活，男人和生活就用怎样的姿态来对待她。

女人哭哭啼啼或愁眉不展的生活，其实不是男人给的，是她用了哭哭啼啼的姿态去向男人下了降书。要知道，男人对待降者从来都是不屑一顾甚至是为所欲为的。

如果女人肯优雅地微笑着和男人交锋，甚至是不屑于和男人交锋，而抽身离去，男人一下子就会软下去。你勇敢而坚决地离开，即使他是混蛋，和你又有什么关系？

5. 不要把你的名字在婚姻里弄丢了

在婚姻里你是谁

有一次从某个聚会上回来，我问同行的苏女士："你有没有发现一个问题，今天参加聚会的女人大多都没有自己的名字。"

苏女士大吃一惊："这怎么可能！谁没有名字呢？"

我笑："女人在结婚前都有名字，但是结婚之后呢，大多女人都没有了自己的名字。"

苏女士还是不解。

我说："你有没有注意到，聚会上，介绍某个女人时，大多都是说这是'王太太'或'李太太'什么的，要么就直接说'这是某先生的老婆'。她们有名字吗？没有！"

苏女士恍然醒悟，她大笑起来："是啊，是啊，的确是这么一回事！以前我和老公一起去哪儿，人家在介绍我时也总是说'这是孟太太'什么的。只有我一个人外出时，人家才直称我的名字呢！"

这的确是一个有趣的现象。

女人一到了婚姻里，就很少能有自己的名字了。在古代也是这样，女人一旦出嫁就改夫姓，自己的名字没有了，只叫"刘王氏"、"张李氏"之类的，甚至在族谱上女人都是不做计算的，还有一些地方，女人不能上正席吃饭。在国外也同样如此，女人嫁人后就得跟着夫姓，比如我们所熟知的居里夫人、勃朗宁夫人等等。

有趣的是，在被称为"某夫人"或"某太太"的时候，有些女人甚至会觉得很光荣，一点都没有意识到自己丢失了生命中很重要的一样东西——父母赐予的名字。

可是，哪个人不希望别人记住自己的名字呢？

你怎么可以没有自己的名字呢

在婚姻中，女人可以有很多角色，比如妻子、媳妇、母亲，或嫂子、弟妹等，唯少了自己的名字，甚至是弄丢了自己。

这能怪谁呢？

不该走进婚姻？倘若一个女人不走进婚姻，在世俗的眼光里，她又是一个笨女人了，甚至会被人说成是"没人娶的老女人"。所以，不能怪婚姻。怎能怪婚姻呢？结婚是女人爱自己的一种态度。

是男人的错吗？男人太霸道了？还是公公婆婆不够善解人意？

最主要的原因还是在于女人。走进婚姻之城是一件好事，在婚姻生活中宽容忍让也是一种智慧，只是女人忘记了，自己除了妻子媳妇母亲嫂子弟妹等角色还有一个更重要的角色，那就是她自己。

有些女人在走进婚姻之后就迷失了自己，太"毫不利己专门利夫"了，凡事都以丈夫为主，凡事围着丈夫转，上得厅堂，下得厨房，还得伺候丈夫上床歇息。不，不仅仅如此，在网络上新近最流行的一个女性新标准是："上得了厅堂，下得了厨房，杀得了木马，翻得了围墙，开得起好车，买得起好房，斗得过小三，打得过流氓。"

这样一来，女人更苦了。

如何才能不苦呢？

女人首先还是要找回自己，做自己。

如何做自己呢？首先你要有自己的工作，不要依赖丈夫，甚至不要存有此念头。你有自己的工作，有自己对生活的看法，有自己的朋友，自己的生活圈子。你是独立的，实现自己应有的魅力，不依附任何人而存在。婚姻只是你生活中的一部分，可以是最重要的一部分，但不是你生活的全部。

你一定很清楚，在你所就职的公司，人们称呼你的时候，总是称你的名字，没有谁叫你"某夫人"或"某太太"。在工作场所，大多时候你都是很有存在感的。因为你是作为独立的实体存在的，你有自己的名片，人们看见的只是你，而不是你婚姻关系圈里的那些人。

曾读过一篇文章，是刘海北先生写的《家有名妻》。他的妻子是著名诗人席慕容，这个大男人体验了一把没名字的滋味。

比如说名妻席慕容不在家的时候，总是刘海北接电话，请对方交代要转达给名妻的信息。就有那么两三次，对方问刘海北是谁，刘海北回答说是席慕容的丈夫，对方顺着说："席先生，您好。"天哪，居然给刘海北冠上了名妻的姓。当刘海北解释"敝姓刘"以后，对方连连道歉。身为一个大男人，遇见这样的事，那是没办法不尴尬的。

还有一件常常发生的事是，别人给刘海北作介绍的时候，为了加深对方的印象，常在介绍完了刘海北的姓名、职业、学历甚至生辰八字以后，再加上一句："他就是席慕容的先生。"日后可能没有几个人还记得刘海北的姓名，可是一定记得刘海北的婚姻状况。

如果女人都能像席慕容那样独立，还会被婚姻弄丢自己的名字吗？

当然，并非每个女人都会有席慕容女士那样的成就。但是，至少你可以有自己的工作，不是吗？你的工作或许不必如席慕容那样出色，但也是你们公司大机器上不可或缺的一环，当真是这样，谁会忽略你而只称你为"某太太"？

或许有人会说，被称为"某太太"有什么不好的呢？因为她本就是某人的太太。这话也有道理，"某太太"的帽子可以戴也应该戴，但是若一个女人在任何一个场所都只能戴着"某太太"这顶帽子，若她不和丈夫在一起时就很少有几个人知道她是谁，这是不是一件尴尬的事呢？

女人走进婚姻之城，不能将生活的圈子就局限在婚姻里了，要有除却丈夫之外的属于自己的一些圈子。在某些地方戴着"某太太"的帽子，在更多的地方却也能被人叫得出本名，某人和某人谈及她时能这样说："哦，我知道她！"

这就好了。这样的女人才有强烈的存在感。有存在感的女人才会有更多的幸福感。

6. 做他亲爱的老婆，不做黄脸婆

从老婆到黄脸婆

在我印象中，早些年前夫妻间的称呼是这样的，丈夫称呼妻子为"孩子他妈"或"孩子他娘"，妻子称丈夫呢，丈夫姓王就称"我家老王"，姓李就称"我家老李"。这样的称呼有一种说不出的浓浓的温热感——至少我是这样感觉的。

现在的夫妻多数直接互称"老公""老婆"。我觉得这称呼其实更适合于夫妻闺房间的昵称。当然，这是一己之见，毕竟社会风潮如此，不值得大惊小怪。

更何况，"老公""老婆"这昵称在唐朝就有了，历史悠长，怎可大惊小怪贻笑大方。

相传，唐朝时有个读书人考中功名之后，怎么看自己的妻子都是"糟糠之妻"。他想让"糟糠之妻"下堂，再纳新欢。可是又不好意思当面说出口，就写了一副上联放在案头："荷败莲残，落叶归根成老藕。"

他的妻子虽然年老色衰，但是心智还很清明，当然知道相公是什么意思，便提笔续写下联："禾黄稻熟，吹糠见米现新粮。"

以"禾稻"对"荷莲"，以"新粮（新娘）"对"老藕（老偶）"，不仅对得十分工整贴切，而且饶有趣味，针锋相对。

那个读书人读了妻子的下联，被妻子的才思敏捷和拳拳爱心所打动，便放弃了弃旧纳新的念头。

妻子见丈夫回心转意，不忘旧情，挥笔写道："老公十分公道。"读书人虽然心生惭愧，不敢自认为"公道"，但也挥笔续写了下联："老婆一片婆心。"

"老婆"这个称谓就是这样来的。

看来，做老婆其实是一件很有风险的事。因为岁月不饶人，老公会喜新厌旧，有一些女人一进入婚姻就放松了爱自己的心，以为有了一纸结婚证书就像云雨时戴上了安全套，高枕无忧，万事大吉了。可是，却忘记了，安全套有时并不安全，会莫名其妙地多了一个小洞。

说是莫名其妙，其实这世界上从来没有莫名其妙的事。所有事发生都是有前因可循的。就像"老婆"是因"老藕"而来。

说到"老藕"，我想起了"黄脸婆"。唐朝那个读书人是嫌弃他的妻子成为了"黄脸婆"，所以生出了另纳新欢的心。

那么，从婚姻初期亲爱的"老婆"沦为后来心生厌倦的"黄脸婆"，其间的距离有多长？

女人从"爱自己"到"懒得打理自己"这中间的距离有多长，"老婆"和"黄脸婆"的距离就有多长。

男女是不一样的

大多数女人一进入婚姻，就开始了埋藏真正的自己，无欲无求，不断地付出付出再付出，只是为了让自己贤良淑德，让世俗来肯定自己是个"贤妻良母"。

油盐酱醋，老人、丈夫、孩子，事无巨细，都要女人经手。女人奉献着，快乐着，直到她的付出成为习惯，直到别人一直以来的感激成为她的奢望，直到那个最亲的人选择放弃她，骂她是"黄脸婆"，蓬头垢脸的女人才想起要照照镜子。

这一照才知道韶华已逝，皱纹已经密密麻麻，缺乏保养的肌肤已经看不出自己熟悉的样子。她愕然，镜子里的那个人真的是自己吗？面对老公的背叛，她痛苦、绝望，声嘶力竭地讨伐，为什么自己为这个家付出了所有的精力，却挽不回那颗曾经爱恋的心？

其实是她忽视了一个问题，男女是不一样的。

男人天生有征服的欲望，当妻子在他眼里失去了所有的光芒和吸引力，妻子就注定要被替代了。男人的面子，比他们的生命都重要。所以，他们希望自己的妻子在别人眼里是貌美如花，至少是中人之姿，而不是泯然众人，更不是老土或老气。在某种程度上，他们愿意自己的妻子晃晕了别人的眼，而不是入不了别人的眼。

如果女人不懂这一点，她离幸福就还有很远的距离。

女人只有善待自己，你的老公才会善待你

记得以前看过一部电影，其中有这样的一个情节：八岁的孩子洋洋总是用相机拍下每个人的背面，再拿给他们看。我想，孩子是因为每个人都看不到自己的背面而觉得新奇，但他领悟不了的是，背面还是藏在人身后的另一个真相。我觉得，一个女人脱下高跟鞋、卸掉妆之后居家的样子，就是那个"背面"。

穿行于都市里的女人，在关上家门走出去的那一刻一定是光彩照人的。精心挑选和搭配的衣饰是她在职场上的"战衣"，美固然美，只是有些太过坚硬。所以，女人回到家里，就渴望利落干净地将"战衣"脱下，彻底放松。

只可惜，这个时刻，不少女人表现得太过粗糙，而这时与其指责女人懒惰，不如同情她们。职场女人被工作挤压得没了生活，也就日渐退化了对美的领悟。在完全没有功利目的时，女人，你对美还有心力吗？还有天赋吗？很多在职场上艳丽无比的女人，一进家门就像花败了一样——散乱的头发，看不出性别的居家服，暗淡无光的脸……

为这份居家的随意，女人可以找到无数个理由：父母年迈需要照顾，孩子幼小嗷嗷待哺，丈夫早已对自己熟视无睹……在这样的现实包围中，还有必要打扮吗？

她真的忘记了，一个真正有魅力的女人，应该让周围所有的人感觉到美好。

做个有魅力的女人，其实一点都不难：

每天做完饭，请给自己洗把脸，洗去满脸的油烟与疲惫，再张罗大家吃饭。

周末纵使不出门，在家带孩子，起床后请先把头发梳洗光滑，再给家人做早餐。

购物时，请给自己买套有蕾丝花边或带有腰身的居家服，让父母觉得女儿依然年轻，自己也没那么老；让丈夫觉得妻子在外很能干，在家更性感；让孩子觉得妈妈不仅能变出好吃的，还特别好看。

一定要把孩子收拾得体体面面，调教得彬彬有礼。美丽大方的妻子，

绅士风范的丈夫，还有一个小绅士儿子，这就是所谓的"好马配好鞍"。

周末和丈夫一起去超市，请换掉肥大的运动裤，挑选合身的裙子穿，丈夫会心生感激：结婚这么多年，心里依然重视自己……

可以不时地为制造浪漫而远离厨房，去一个有情调的地方和丈夫共度晚餐，而不要总是待在家中的客厅里。

做到这些难吗？不难，如果有心去做的话。

女人只有善待自己，你的老公才会善待你。

所以，不要计算买一瓶化妆品的钱可以买多少菜和肉，为投资美丽而要用的东西，你值得拥有。不要因为夫妻天长日久一起生活已经很熟，熟到闭上眼也知道对方什么样子就可以无所顾忌。更不要在老公面前总是穿起皱的、过时的、廉价的衣服，不能在给家省了钱的同时，也省了老公对你的关注和兴趣。

如果你穿着得体的衣裳，化着得体的淡妆，让自己所到之处散发出淡淡的幽香……他怎么舍得抛弃你？

所以，女人万万不要让岁月增加了你的年龄时又苍老了你的心境，越是有了年华的过滤，女人味越是要显示出来。你会保养、会穿着打扮，你自信、美貌、温柔、有涵养、有内在美……保养自己的容颜和身体，就是保养了婚姻的鲜度。

就算真的有一天，他突然昏了头脑执意要做负心汉，你们的爱情也失去了，婚姻也失去了，那也算不得是天塌下来的事，因为你不是"黄脸婆"。你依然是发展前景大好的绩优股。

谨记，可以做他的亲爱的老婆，但是不要在生活里沦落为黄脸婆。

7. 做一个会理财的旺夫的幸福女人

会理财的女人最旺夫

凤凰卫视著名主持人梁文道说："一个女人一定要有自己过好日子的能力，要有别人没法拿走的东西，这很重要。"

什么是"过好日子的能力"？有人说，女人干得好不如嫁得好。这"过好日子的能力"是嫁得好吗？或许会是，但也不全是。

嫁得好，一般是指找了一个爱你的而且你爱的男人，这个男人凑巧又很有钱。对，他或许很有钱。但是，钱这个东西，来的时候可能铺天盖地，但散去时也很令人惊心。古往今来，有多少富家子弟到最后落得贫困潦倒。原因大都是不会理财。

一个家庭，一对夫妻，倘若理不好财，只是男人的事吗？肯定不是。

一般情况下，在家中掌握财政大权的是女人。所以，一个家庭的兴衰，夫妻都有责任。

女人们聚在一起时，不是也很爱讨论什么样的女人最旺夫吗？

什么样的女人最旺夫？会理财的女人最旺夫。

为什么这样说呢？

想想看吧，会理财的女人哪个不是有着比寻常女子更多的智慧？

这智慧很重要。谁见过有几个"旺夫女"不是聪慧的呢？"旺夫女"都懂得，要想让男人功成名就，就得给他一个平和安稳的生活环境，因为家庭是他的后方阵营，是他的动力源泉。

就像打仗，如果大本营都乱成一锅粥了，就甭说打胜仗了，不被敌军灭掉就是万幸了。所以，男人猎人一样狩猎在外，他的家园一定要祥和安定，这样才没有后顾之忧。这时，女人的聪慧就很好地体现出来了。

会理财的女人能够运用自己的聪明才智，为自己的小家做出合理的规划，不但不出现揭不开锅的窘境，不出现家庭财政赤字，更能让自己的日子过得十分滋润。

会理财的女人必定是个上进的女人。她有着比寻常女人更多的洞察力，不会两耳不闻窗外事，一心只过自家的小日子。

她会关注政治，重视经济，关心财政的变化。大到国家颁布什么政策法规，小到所在城市的布局规划，甚至市场的一些细微情况都会引起她的注意。

她会与丈夫一起讨论时事，关心经济变化，并看准时机，让资产得到更好的打理与升值。让丈夫为之佩服，为之欣赏，并在其触动下更加上进，在彼此精神世界同步的情况下，让幸福得到更有力的保障。

是的，会理财的女人必定有着良好的心态。如果不能站得更高看得更远，她怎么可以一针见血地看出事物的本质现象，又怎么可以从容不迫地处理各种突发事件，懂得什么时候该出手，什么时候该松手？

有着这等智慧的女人，她怎会没有良好的心态？

有良好心态的女人，她怎会处理不好婚姻之事，怎会不知道如何营造一个和睦幸福的家庭？既然什么都好了，当然也就旺夫了，"家和万事兴"嘛！

所以，会理财的女人最旺夫。其实，理财理财，她理的不仅仅是财，而是自己的幸福人生。

这个善于理财的能力，就是梁文道先生所说的"别人无法拿走的东西"。

如何做一个会理财的幸福女人

人们都说，你不理财，财不理你。

想要理财，首先要有财可理，这就需要资本。若没有资本，一切都是空谈。

财从哪里来？从你的口袋里。如果你口袋里的钱，总是为了一些不必要的消费而落入商家的口袋，你当然没有财可以理。所以，在理财之前，你要先改变自己的消费习惯。

如何改变消费习惯？

女人都是逛街达人，看见喜欢的东西就忍不住掏钱包买下来。尤其是如今，各式各样的商品促销活动满天飞，大到买冰箱送微波炉，小到买化妆品送化妆包，这叫天生购物狂的女人如何不疯狂？

但是，那些东西在生活中你真的用得着吗？花很多钱去买自己并不需要的商品堆在家里，这种消费行为实在不理智，甚至是得不偿失。所以，建议你在购买前，用一分钟思考一下是否真的需要，然后再决定是否购买商品。

除此之外，你还要树立三种观念：

"你不理财，财不理你"，这是其一。理财不只是空谈口号，要身体力行，更要持之以恒。

其次，你也要记得，"让你的消费物超所值"。

美丽的女人投资外貌，聪明的女人投资内在。充实自我、开阔视野，将钱用在刀口上。另外，"利用知识生财"，这是新时代女性最高明的理财方式。

第三，"强迫储蓄，定期投资"。

在结婚之后你还保留着单身时的月光族心态吗？不，你要强迫自己去储蓄，去投资，"零存整取"、"定期定额"都是强迫储蓄与投资的最佳手段，也许短期来看收益甚微，但多年后成效绝对令你满意。

好，有了这三种观念后，你就可以根据你的年龄和阶段需求进行适度的投资调整了，让自己成为财务主宰。

在什么样的年龄理什么样的财

如果你只有二十多岁，这真是一个"如花似玉"的年龄。年轻就是资本，你大可去适度投资一些高风险、高收益的产品，因为你拥有年轻这个大本钱。而投资一些高风险、高收益的产品，最能为你快速累积金钱。

如果你三十岁了，不得不说，这也是一个好年龄，"女人三十一枝花"嘛。但是，在你的事业成就与财务逐渐累积至一定水平时，你仍然要精打细算地去生活，不仅要让现在的日子过得好，也要让老年生活更有保障与尊严。

这个阶段的女人最大的开销多以置产、购车为主，不过你不要忘记准备子女的教育基金，以免日后被庞大的教育支出压得喘不过气。

此外，不断为家庭贡献的女人，也别忘了要好好爱惜自己，加强保险力度，并依照自己需求分配保单比重，为现在及老年生活打底。

如果你超过四十岁了，当然，我还是要说，这是一个不错的年龄——女人的一生没有哪一个年龄阶段不是好的。四十岁以后的你，孩子大了，经济状况也稳定了，这时你也应该检视夫妻俩退休后金钱是否无虑，思考一下，退休之后你想过怎样的生活。

对，重要的还是心态。

在婚姻里，女人一定要有这样的心态——调教男人，经营婚姻。

说女人"调教"男人，没有丝毫对男人不恭的意思。我很相信一句话："好女人是男人的学校。"既然女人是男人的学校，用"调教"一词并不为过。

而"经营"婚姻呢？婚姻就像两个人合伙做生意——在此处，"生意"这个词可以理解为"将生活过得有意义"——既然是生意，自然需要经营。

改变你自己比较容易

夫妻由于个性不同，有时会引起矛盾，但并非必有纠纷。

现实生活中，有不少性格截然不同的夫妻相处得十分和谐。只要调适得当，就能做到夫妻间性格相异而互补。同时，还要注意改变自己性格中的某些缺点。比如性子暴躁、动辄发火或性子太慢、办事拖泥带水等，都应尽最大努力去改变。

因为改变自己总比改变别人容易。如丈夫爱吃大蒜、辣椒，你不必要求他戒除，不如干脆自己也学着吃一点。这个和讨好他或取悦他没什么关系，不过是经营婚姻的一种智慧。

在家庭生活的各个领域里，记得求大同存小异，力求缩短彼此之间的心理距离。

例如，在教育子女的问题上，妻子主张"爱"为主，丈夫却主张"严"为主，双方就会产生冲突，应该在"必须对子女进行教育而又不能放任自流"这个基本点上，双方首先取得一致意见，然后妻子和丈夫可以按照自己的教育方式适当灵活地进行。

在生活习惯上适当迁就对方，不仅可以消除许多摩擦，还能促进夫妻关系和睦。

还有，女人要知道，男人有一种天然的倾向，他愿意把毕生的精力都用于所谓的"大事"上，却往往忽略了生活中小事的重要性。所以，磨合夫妻生活习性的重任，似乎就只能落在女人的肩上了。为了婚姻幸福，担起这重任。婚姻中的男女就像跳探戈，你进我退，你退我进，两个人都想着进或都想着退，肯定跳不好。

说上几句幽默调皮话

当夫妻俩唇枪舌剑吵得不可开交时，如果冷不丁说上几句幽默调皮话，往往会使争吵戛然而止，甚至转怒为笑。

幽默是夫妻矛盾的缓冲剂，虽然不能解决矛盾，但可以化干戈为玉帛，是缓解冲突的微妙之方。

沉默回避，也是个好方法。如果夫妻中某一方脾气急躁，动不动就发火，另一方应暂避锋芒，待其平静之后，再用柔言细语相劝。

千万不要在心情不佳或双方争执不下的时候断然作出决定，等事态平缓之后，再心平气和地去处理，因为一气之下所作的决定多半会有遗憾。

还有，千万别当众争吵，让他觉得有损面子和男人尊严，只能加剧矛盾。虽然吵架时没有好话，但千万别批评他的家人，更不要贬损他的人格，以免因图口舌之快，而谋杀了苦心经营的夫妻之情。

流点眼泪杀杀他的锐气

眼泪是女人制服男人的有力武器。

女人要学会适度地使用眼泪，征服他。

比如说看悲情的影视剧，哭得像个泪人，让他知道你有一颗脆弱而敏感的心；争吵时，他说了重话，或者他有了二心，都是你落泪的必要时机。

特别是两个人闹得不可开交时，与其针锋相对硬碰硬，不如用"泪弹"来结束战争。流泪也是女人撒娇的一种方式。没有一个男人可以抗拒女人的撒娇，不管你的年龄有多大，有时任性或者"赖皮"一下，可以增加感情的"蜜"度。

当然，要讲究一个度。要是哭啼过度，只能把他往婚姻之外推。

吊吊他的胃口

和男人相处要把握好分寸，永远保持若即若离的距离，让他感到有牵挂的同时也有一些自由的空间。

你可以像母亲一样宠他、呵护他，也可以像女儿般爱他、依赖他，还可以像情人那样娇嗲骚扰他。

你可以是他的知己，陪他发牢骚，说说悄悄话；也可以是他的"敌人"，适时给他一些刺激和"打击"，偶尔玩一回"限时出逃"，让他想你、爱你、恨你又离不开你。

千万注意，变幻多端不是变化无常，一定要让他明白你的若即若离只是为了吊他的胃口，并没有别的意思。

幸福婚姻就像掌心的沙子

曾经听过这样一个故事：

这是一个刚刚涉入婚姻河的女人和一个在婚姻河里游得愉悦幸福的女人之间的清谈。

一个女子问她的母亲："在婚姻里，我应该怎样把握爱情呢？"

她的母亲没有说什么，只是找来一把沙子，并把握着沙子的那只手递到女儿面前。起初，那把沙子在母亲的手里没有一点流失。但是，当母亲开始用力将手握紧，沙子就纷纷从她指缝间泻落。手握得越紧，沙子落得越多，待母亲再把手张开，沙子已所剩无几。

是的，这就是婚姻的真相。

其实，看重婚姻本没有什么错，但当你时刻想要牢牢地掌控婚姻，牢牢地拴住你爱的那个男人的时候，婚姻就会出现危机了，男人也会离你越来越远。

婚姻里的男人就是女人的沙子，你要握着，但不能握得太紧。

一边放风筝一边抵御小三

也有人说，男人就像女人手里的风筝，一线之牵。生活中，女人往往往会怕风筝飞走，于是用线将他死死拴住。当男人失去了动感和飘摇的活力，风稍微一大，线就断了，男人也不见了。在紧紧扯线的时候，女人不累吗？会很累，生活也会随之变得乏味。

善于放风筝的女人，会将手中的线越放越长。风筝越飞越高，越飞越远，女人也越感惬意。风筝呢，他会因此而感激女人给予的"放纵"与牵挂。

好女人能让风筝自由飞翔，却时时地想起牵着自己的那根线。她知道，纵使风筝飞得再高再远，也终究会回到地面。好女人会以欣赏的眼光关注男人、扶助男人、修剪男人、赞美男人、完善男人。

但是，不少的女人就是做不到这一点，她多害怕男人会跑掉啊，于是便用尽一切手段去跟踪盘查男人。

为什么会害怕男人跑掉呢？是对男人不放心吗？或许不是，要是不信任他，当初就不会决绝地嫁给他了。或许只是这世界上诱惑太多了，男人可以抵抗生活上的艰难困苦，就是抗御不了狐狸精的诱惑。

狐狸精，这群从《聊斋志异》里跑出来的尤物，前几年人们称之为"第三者"，现今又有一个更为人所熟知的绰号：小三。

说白了，妻子对丈夫不放心，不过是害怕小三凶猛侵入。

俗话说，一日夫妻百日恩。妻子对男人千百个日夜的恩情自然很是深重了，为何还要担心小三半路杀出呢？

看来，小三是有其过人之处的，或许说是有"过妻之处"更妥帖。

兵书上说，知己知彼，百战不殆。

担心丈夫会被小三掳走的女人，为何不研究一下小三的"擒男计"呢？"师夷长技以制夷"岂不更好？

9. 跟着小三修炼战无不胜的"擒男计"

小三心里怎么想

我们先来看一封小三的自白书，看看小三有着怎样的心思：

"我喜欢逛论坛，不过很扫兴的是，天天见到一群女人在这儿评说

'小三'如何如何。

"说实话，你们真叫浅薄，'小三'怎么了？'小三'也是人！你们这些所谓的正房应回去好好检讨一下自己身上的不足，想想为什么老公会爱上别的女人？是你们的鸡毛蒜皮絮絮叨叨让男人心烦了，还是在其位不谋其职，上不能孝顺公婆，中不能为人贤妻，下不能教子有方？你们不过是在拿到了那张结婚证时暗暗得意找了一个长期饭票而已。

"之所以天天怕男人有'小三'，天天盯着，无非证明你们不自信。如果自信了你们还会怕这怕那吗？男人对你们来说不过是以婚姻换取的一个城堡而已。还有就是你们太拿男人当回事了，所以才会天天喋喋不休！

"'小三'没有什么不好，不以婚姻为目的，只是因为认识这个男人比你晚了点就要承受各方面的压力，整天好像欠了你们一样。'小三'有自己的独立的人格，不会拿身边的男人当长期饭票。因为她知道男人大多是善变的，所以还是靠自己。

"'小三'浪漫，最希望得到的只是男人的关心爱护，比如说情人节的花，生日时的一份不贵重但却意义深长的礼物……所以'小三'比你们更可爱！"

赢的没赢，输的真的输了

这位小二的这番言论是对是错，我们不必过多探讨。即使你心有不满也要记住，你可以不赞成她的观点，但你要坚决捍卫她发言的自由——这是一个智慧女人所应当做到的。

宽容大度，这是一个智慧女人应该有的姿态。但是，智慧女人的智慧主要显现在善于发现与总结。

在某种角度上来说，小三的确已经很贴近那个男人了，可是她并没有赢。

婚姻生活讲究的还是一个"名正言顺"。小三名不正，再怎么得意也只是一个不光彩的角色。她没有办法处处和男人一起站在太阳底下，和男人一起进进出出。无论什么时候，家里的"正房"具有绝对的发言权。

一旦小三对具有绝对发言权的"正房"形成一种尴尬的威胁，一定程度上说，"正房"已经输了。有一纸结婚证书又如何？男人的心不在了。

这样的解释或许很啰嗦，并且看起来头脑不清，但要知道，很多事情都是越理越乱，却也乱中有序。

我要说的你想必已经想到："正房"和小三的抗争里，小三明里是占了上风，但她没有赢；"正房"看上去凄凄怨怨，她活得很悲凉，因为当她的婚姻被小三侵袭，她就是输了的，至少她没有调教好男人，经营好婚姻。

跟着小三学擒男

婚姻是一场战争，如果落了下风，又舍不得放手，那就要奋起直追。

我们来看看有名分的"正房"是如何输给小三的，输在哪里。

如果你肯留神观察，你会发现小三有一个很显著的优点：她们很会修饰自己，总是那么美丽动人。

也许她们不是容貌最漂亮的一群，但她们却很会修饰自己。精巧的妆容，得体的衣服，柔媚的姿态，勾魂的眼神，把女人味发挥得淋漓尽致。女人看见都能有三分羡慕多看两眼，男人看见还不把魂都丢了？

而那些情迷小三的男人的妻子，又是什么样呢？

这些"正房"们，或许她们曾经也美貌如花，也是时尚女性。糟糕的是，一旦和丈夫相处久了，就会"真情流露"，不自然地就会忘记适当的修饰和打扮。试问一下，假如你是男人，天天对着那个套着宽大旧睡衣，头发随手挽在后脑，完全没化妆甚至不洗脸，踢一双拖鞋满屋子追着儿子打的女人，脸上的皱纹和硕大的眼袋扑面而来……你会不会觉得有点厌倦呢？这时候如果遭遇一个精致的小三，下面的故事大家都能猜到了吧。

"正房"实在应该深刻反省。

世界上没有丑女人，只有懒女人。再惊人的美貌都经不起懒惰的摧残。为什么要一懒再懒呢？不就穿衣打扮嘛，这可是女人最热爱最擅长的事情啊。多翻翻时尚杂志，多逛逛服饰网站，多花点钱买衣服化妆品，多往脸上抹东西……除了爱家、爱老公、爱儿女，女人更要好好学会爱自己！

不知道"正房"有没有发现，小三的另一个优点是：她们都很温柔体贴，善解人意。

小三到底是小三，她们不是"明媒正娶"，没名没分，自然底气不足，就算在情场上如何东奔西突将"正房"打得溃不成军，到底还是底气不足。因为底气不足，所以就会低眉顺眼，不管原来是不是很温柔体贴的女子，她们都得装出体贴的样子去吸引和留住身边的这个男人。而且小三都知道，温柔体贴对男人有着致命的魅力。

"正房"不温柔不体贴吗？不，当初热恋之时、新婚之时，"正房"一样凭着这个杀手锏将男人逗弄得骨头酥软。

可惜，时间是温柔的杀手。也许你们之间的花前月下早就被鸡毛蒜皮的家庭琐事代替。每天就是房子、车子、孩子、柴米油盐，这是最真实的生活，但同时也是最令人厌烦的。你受不了，没有耐心了，男人和你的想法一样，他更想逃离这桎梏。

可是，你究竟是不愿意和男人离婚的，对不对？那就将"温柔体贴"的杀手锏重新拿起来吧。你和这个男人有着深厚的感情基础，这一点是小三所不能比的，所以，你大可像小三那样和自己的男人调情，调得名正言顺又甜甜蜜蜜。

多给你自己也多给你的男人一点时间，从生活里解放出来。多跟他说说你有多爱他，他在你心中有多重要。尽量往肉麻里说，把你们初恋的那套都搬出来温习温习。给爱情加点情调才能保鲜。

你当然可以那样做啊，并且因为你有着"正房"这先天优势，小三要做到100分的事情，你做60分男人就已经被感动得一塌糊涂了。

在我看来，小三还有一个很"了不起"的优点：不要承诺只要爱，给男人绝对的自由。

几乎所有小三都号称不会破坏男人的家庭，只要求分她一点点爱。男人可以得到100%的自由，而且小三显得如此的楚楚可怜。一个纯纯地爱着，不求回报的女子，可以让男人的雄性荷尔蒙熊熊燃烧，让男人体验到做英雄的快感，试问有多少男人可以拒绝？

在小三那里做了英雄的男人回到有"正房"等待的家里，是不是变成了"狗熊"呢？应该是。

想想看，身为"正房"的你是不是经常拿他来跟别人的老公比，或者嫌弃他钱赚不多、个子太矮、样子不帅？你有没有天天检查他的钱包、手机，寻找他出轨的痕迹，把他当贼一样对待呢？

告诉你吧，对爱情千万别抓得太紧，还记得那把抓在手里的沙子吗？对，男人就是你手中的沙子，你握得越紧，他越想溜。

千万不要依仗着他爱你就对他百般挑剔和数落，要知道你家"狗熊"说不定是别人心里的英雄呢。男人就像小孩，属于打了一巴掌后一定要给点糖的动物，只要你肯用点说话技巧，就能把他哄得舒舒服服的。

当然，你也不要企图断绝他和一切雌性动物的交往。还是那个比喻爱情就像沙子，握得太紧掉得越快。

试一下给自己和伴侣一个更自由的空间，相信你和他都会有不一样的感觉！

10. 打不是亲，骂也不是爱

有多少女人在深夜哭泣

关于家庭暴力，这是一个亘古以来都说不完道不尽的血泪史。

说是"血泪史"一点都不夸张，家庭暴力导致了多少家庭的血泪事件？是数不胜数的吧。

人们常常说，夫妻之间打是亲骂是爱。又说，床头吵架床尾和。倘若真是这样，那倒也无可厚非，毕竟一对男女，生长环境不同，性格也各异，虽说有共同志趣，但不同志趣应该是占了多数。两个人整天耳鬓厮磨，难免会有磕磕碰碰。

但是，如果男人粗暴的拳头常常落在女人柔弱的身上呢？这就绝不是什么"打是亲骂是爱"了，而是家庭暴力。

这等事情我也曾见过不少。

比如说两年前住在我隔壁的那对夫妻吧。在楼道里第一次遇见他们的时候，我还很感慨这对男女就是传说中的"郎才女貌"。但是，就在他们搬过来不久的一天夜里，隔壁突然传来一阵锅碗摔打的声音。在那静的夜里，这摔打声格外令人胆战心惊了。

锅碗摔过之后，就是女人的哭声了，隐约还能听见沉闷的殴打声。女人越哭声音越大，却又传来男人的辱骂声。

这一折腾就是一夜。

更没想到的是，后来的很多个夜晚，有时甚至是白天，这对夫妻都会燃起战火，每一次都叫人不堪听闻。

那是一对什么样的夫妻呢？男人有四十多岁，女人只有三十岁左右吧，算得是老夫少妻。

倘若是在平常，遇见那个男人，他彬彬有礼的样子实在没有办法和"打老婆"这丑事联系到一起。那个女人呢，身材高挑，眉眼温柔，一看就是典型的贤妻良母。可是，就是这样的一对夫妻，日子却过得鸡飞狗跳。

我有时会想，她怎么不和他离婚呢？和这样的男人过日子又算什么？真叫人搞不懂！

后来听人说，那女人为了嫁给这个男人，和自己的家人都断绝了往来。原来她的父母一开始就不同意她嫁给他。

由此看来，姜果然是老的辣，而"不听老人言，吃亏在眼前"也是真的。

打老婆算什么本事

当然，像这种家庭暴力，可以说是屡见不鲜了。想必每个人提起这事情都能讲上半天故事。

我也不想再讲太多这样的故事。只是想问：女人，你为什么愿意承受那个男人的暴力？

因为爱？真笨！他若是爱你，会常常殴打你吗？爱惜还来不及呢！

那是为什么？为了丰裕的物质生活？这个似乎也不是。据我发现，大多有暴力阴影存在的家庭，其实并不太富裕。

精神上的温暖也没有，物质上的富足也没有，女人，你跟着他天天练拳脚，是为什么？

因为男人过于强悍，说出一些血淋淋的话语恐吓女人？

这样的情况也确实存在。

有的女人泪眼汪汪地说："我不敢和他离婚，因为他说只要我敢离婚，他就会杀了我家人！"

天！这样的鬼话女人也肯信？果然，女人，你的名字是"软弱"。

有些男人最会玩一些恫吓的游戏，其实他有贼心没有贼胆，有的甚至贼心都没有，只有一张贼嘴。

认真地说，身为男人，我是很鄙视那些对老婆动拳头的家伙的，打老婆算什么本事呢，有能耐你大可去打这个世界，打出好的生活来！

会打老婆的男人哪里能称英雄？就算他事业再成功，只会对女人动手，他就是失败的。

失败的也有女人，还是那句话，为什么要承受他的暴力？

和他离婚！他敢打老婆，你就让他没有老婆！当然，我不是鼓动你，一旦家庭出现问题就以离婚为上策。不是这样的。

在家庭暴力出现后，你肯定也想了很多办法去解决，如果用尽了你所能想到的办法，调动了你所有的智慧还是不能挽救，你感觉不到幸福，那就此打住吧，收拾东西，分开。不要纵容他。因为有些男人是得寸进尺的，打了一次还会有第二次，然后一直发展，像一个恶毒的肿瘤越长越大，越来越严重。既然没有办法用舒缓的方式去治疗，干脆就直接将那肿瘤切除！

女人，你只有一辈子，不过是几十年，倘若和一个混蛋一起生活，有什么幸福可言？

你是担心离开他后，没人再肯娶你？真是荒谬的想法！

这世界上只有娶不到老婆的光棍汉，没有嫁不出去的女人，哪怕那个女人是再婚。

冷暴力也不行

或许现在的某些男人文化层次高了，懂得法律了，不再对女人动拳头了。但是这不是素质高上去了，而是他们又找到一种暴力新形式：冷暴力。

什么是冷暴力？其表现形式多为冷淡、轻视、放任、疏远和漠不关心，致使他人精神和心理上受到侵犯和伤害。

冷暴力有时比皮肉之苦还叫女人无法承受。

比如说我的一个同事，在外人眼里，她的家庭让人羡慕。她是杂志社的中层干部，丈夫是一家大型企业的总工程师，女儿在重点小学读书，他们还在郊外买了一套别墅，她和丈夫各自有一辆价格不菲的轿车。

以前，他们家离上班地点远，丈夫每天下班后都会接她。遇到生日或者结婚纪念日，丈夫还会买点小礼物让她惊喜一下。但他们也会因为一点琐事吵架。

有一次吵架，她可能过于愤怒，把丈夫心爱的紫砂茶壶摔了个粉碎，丈夫用那充满蔑视的眼神瞟了她一眼，然后一字一顿地说："我真后悔娶了你这样的女人！"恰好第二天是她生日，晚上下班回家后，她丈夫好像忘记了她的生日，不闻不问，俨然一个陌生人。从那一天起，失落和无助的情绪开始笼罩着她的生活。

也是从那次吵架后，丈夫再也没有对她有过一丝的亲热。每天下班回家，他吃完饭，便一个人躲到书房里看书或上网，经常是半夜两点多才上床睡觉。除了一些不得不说的话之外，丈夫很少跟她交流什么，有时候，两人一个星期都说不上十句话。

那种看似无声无息却又时刻弥散在家庭中的冷气氛，让人几乎窒息。她说："哪怕是骂我打我，我也会好过一点，有时候我真想跟他吵一架，发泄一下也好啊，可他就是不理我。每天看他那不冷不淡的眼神，心里就发毛。"

这种精神上的折磨，其实比肉体摧残更残忍。如果继续忍气吞声，她的生命将在痛苦和孤单中延续。所以她决定放手，和丈夫离婚了。

冷暴力又怎么样？只要是暴力，就一定不能纵容。

离婚就离婚吧，总还会有一个人，站在灯火阑珊处等着你。幸福是自己争取来的，而爱情经不起太多的冷漠。在这样的境地中对他放手，其实也是为了成全你自己的幸福。

当然，我不是说一旦婚姻生活出现了家庭暴力，就一定要离婚。这不是解决问题的好办法，但是，倘若想尽一切办法都不能解决暴力问题，离婚就是好办法，是唯一的办法。

从心理感受来讲，你主动作出的选择比你被动接受的选择要好很多，尤其是由于对方造成的问题，你主动原谅会表现你的大度，你主动分手会给对方更好的回旋余地。

千万别守陈腐愚昧的"委曲求全"的老观念，一旦认定与对方和好无望，实在无法再维持下去的话，就要勇敢作出决定。与其维持一个没有亲情、没有爱的家庭，倒不如解放自己也解放对方，各自重新组织一个家庭，再扬生活的风帆。

围城圣经：除了爱自己，还是要爱自己

女人要爱自己，无论是恋爱前或恋爱中，无论是婚前或婚后，无论何时何地面对何人都要爱自己。

尤其是婚后，女人的时间总是不够用，为了丈夫、为了孩子、为了工作、为了家务，这么一忙，女人更容易迷失自己。但请记住：爱自己，这是女人要用一生认真去做的功课。

这一卷经就叫《围城圣经》，共1卷39节：

（1）再冷的夜，如果相爱的两个人在一起，就温暖无限，春情无限。

（2）最好的婚姻生活就像荧光灯，不必太耀眼，平平凡凡、简简单单，却是环保节能，寿命长，光效高，显色性好。

（3）饮食男女，活着就是为了让自己快乐，让身边的人快乐。快乐是因为有爱，而结婚，则是为了让你们的爱更加完整、丰满，给你们带来更多的快乐。

（4）婚姻是坟墓还是天堂，就看你怎么去经营了。

（5）很多人说婚姻是爱情的坟墓，但能够入土为安的爱情总比暴尸街头要好。

（6）嫁一个自己爱的并爱着自己的人。他也许不富有，可是他不会让你饿着；他也许不浪漫，但也不会让你孤单。这个人就是能陪你笑，陪你哭，能无怨无悔陪你走完下半生的人。虽不容易找到，但真爱总会降临，要懂得珍惜！

（7）嫁给一个你爱他，他爱你更多的男人！

（8）婚姻是女人的第二次生命。选择了一种婚姻就是选择了一种生活。

（9）婚姻是一面镜子，它把镜子里的两个人的优点和缺点毫不保留地展现出来，不排除镜中人不能接受缺点的存在，打碎这面镜子。

（10）婚姻是一条河，由两条相爱的小河汇流而成，而这条河注定有险滩和暗礁，不排除有一条小河自己改变流向。

（11）婚姻是一棵小树，需要种树的两个人同时用情的阳光和爱的雨露去呵护和浇灌它。如果缺少情和爱，这棵小树会夭折。

（12）婚姻是五味瓶，甜酸苦辣咸是它的滋味，只有尝遍这各种滋味婚姻才算完整。不排除有人尝不了酸苦辣咸，舍它而去。

（13）婚姻是一场特殊的战争，注定战事不断，停停打打，没有胜负。不排除有人弃战而逃，但终究还要投入另一场战争。

（14）婚姻是一床棉被，款式如何并不重要，重要的是必须暖和。

（15）婚姻是一项投资，爱情相当于注册资金，结婚证相当于营业执照，婚礼相当于开工典礼。至于效益如何，那就看甲乙双方的合作情况了。

（16）一旦选择了某个男人，和他结婚，你要清楚：你所选择的绝不仅仅是婚姻，而是选择了一种生活。

（17）这个世界上有太多的女人想要嫁个有钱人，只是她们不敢说出来而已。

（18）在嫁入豪门之前，是有前提的，就是你要嫁给的那个有钱人除了钱之外，还有更多值得你珍惜的东西，如上进、善良……如果是这样的话，勇敢地嫁个有钱人，为什么不呢？

（19）嫁大款就像抢银行，收益大但后患无穷。

（20）两个人刚一认识就上床，这是糊涂。

（21）女人希望用肚子里的孩子换来一纸结婚证书，这是最蠢的想法。

（22）强求来的婚姻就像不熟而强扭下来的瓜一样，不甜。

（23）女人有颗想要嫁个有钱人的心一点都没有错，谁不想拥有锦衣玉食的生活呢？

（24）女人来到这个世界，就是为了看太阳和蔚蓝的原野，为了看大海和繁花盛开的山谷。

（25）女人的生活幸福与否，由自己主宰。她选择怎样的姿态来面对男人和生活，男人和生活就用怎样的姿态来对待她。

（26）有存在感的女人，才会有更多的幸福感。

（27）男人宁愿自己的妻子晃晕了别人的眼，也不愿入不了别人的眼。

（28）一个女人一定要有自己过好日子的能力，要有别人没法拿走的东西，这很重要。

（29）会理财的女人最旺夫。

（30）世界上没有丑女人，只有懒女人。

（31）不要想着给男人省钱。你要想着合理地花掉男人的钱，来保持你和他的体面。

（32）有些男人最会玩一些恫吓的游戏，其实他有贼心没有贼胆，有的甚至贼心都没有，只有一张贼嘴。

（33）他敢打老婆，你就让他没有老婆！

（34）这世界上只有娶不到老婆的光棍汉，没有嫁不出去的女人。

（35）结婚前睁大你的双眼，结婚后睁一只眼闭一只眼。

（36）凡事忍让宽容，放过别人其实也是放过自己。

（37）千万不要在心情不佳或双方争执不下的时候作出任何决定，等事态平缓之后，再心平气和地去处理，因为一气之下所作的决定多半会有遗憾。

（38）眼泪是女人制服男人的有力武器。

（39）女人，想要幸福，你有时就得决绝一点。

第四章 雾灯篇

还有一些情爱和爱情一样重要

灯下诗话：能够温暖你的不只是爱情

人月圆

（宋）李持正

小桃枝上春来早，初试薄罗衣。

年年此夜，华灯盛照，人月圆时。

禁街箫鼓，寒轻夜永，纤手同携。

更阑人静。千门笑语，声在帘帏。

人生最美好的光景，莫过于花好月圆人也圆。

你的父母、兄弟姐妹、爱人、孩子和朋友，所有你爱的人，爱你的人，他们都在你身边。你们相亲相爱，相互依偎，看花花好，看月月好。即使饮一口凉水，也还是觉得其味甘甜温暖。

苏东坡有词云："但愿人长久，千里共婵娟。"

这句词出自苏东坡的《水调歌头》。那是中秋节的夜晚，皓月当空，好风徐来，东坡先生把酒举杯，望月怀远。在大自然的景物里，月亮是最有浪漫色彩的。一钩新月，会让人想到初生的事物；一轮满月，却就让人想到圆满的生活了；月光的皎洁又会让人联想到光明磊落的人格。月亮，集中了人类许多美好的理想和憧憬。

这月亮之上的思念，并非只是流向夫或妻，可以向着父母，向着兄弟姐妹，也向着所有的知心朋友，你爱的所有人。

是的，在这个世界上，除了爱情之外，还有很多能使我们双脚坚强地站在大地上的东西，亲情是其中至为重要的。当然，友情也很重要。

如果将爱情、亲情和友情三者放在一起做一道选择题，只许留下一个，你选择什么？

这是一个残忍的问题。

要我选择，我选亲情。

爱情固然美好，但究竟有太多的不稳定性。你不知道什么时候来，又会在什么时候离你而去。相爱的人，在一起可以如胶似漆、浑然一体，决裂时，却又会比世上任何一种情感都来得决绝。

在爱情里受了伤的女人，哪怕她们当初那样义无反顾地离开从小成长的家，到后来，能够抚慰她伤口的，还是来自亲情的温暖。她的父母永生不会嫌弃她，即使她曾嫌弃他们。

那一句"但愿人长久，千里共婵娟"，不少人曾抄来传递恋人之间的思慕之情，然而苏东坡却是写给他的胞弟苏辙的。

在花好月圆之时，能和亲人在一起共度美好时光，这良辰美景才不是虚度。

单说这首《人月圆》吧。

词中所写是元宵之夜。桃枝绽绿，透过枝头可觉春意盎然，也开始试穿新做的春衣了。春在桃树枝头春意闹，最快乐却是元宵之夜，处处华灯盛照，月圆人圆。

所爱的人恰又都在身边，多好啊。真想让时间就此凝住，直到永远，我们都在和爱的人一起欢笑。

夜渐渐深了。人们都要去睡了吗？没有。你听吧，透过那厚厚的帘幕，千家万户还有笑语声传来呢。

多美好，多快活，使人都忍不住幸福地叹息了。

爱情给你幸福，亲情给你幸福。

再怎么沉浸在幸福的爱情里，都不能割舍亲情所给的温暖。

在这个世界上，除了爱情之外，亲情也能赐予我们双脚坚强地站在大地上的力量。

这是我要和你说的，享受爱情，也莫忘怀亲情。

亲情就像一盏雾灯，有了这盏灯，即使雨雾天气也还能畅然前行。

懂得为自己酿造幸福的女人，她会呵护好亲情这盏雾灯。

1. 不要费尽心机追问不爱的理由

别对自己残忍

请容许我问一个很扫兴的问题：如果有一天他不爱你了，你怎么办？

哭哭啼啼向他讨个理由？

费尽千方百计挽回他的心？

或者你就做个傻女人，一刀了断，这个了断不是斩断情思，而是了结自己的生命？对这样的女人，说一句狠心肠的话：她不会得到人们的同情的！

你的生命是你的吗？是的，是你的，但也是你父母的，你要好的朋友的。为了一份死掉的爱情，有必要连同自己的生命一起死掉吗？不能，无论是谁都没有那个权力！

有一个同事离婚了，这下子吓坏了她的闺密们。一个个轮流陪她吃饭，陪她过夜，目的就是帮她把时间占满，不给她留空隙去想那烂事儿。

可是，要她如何不想呢？婚姻大事，说丢就丢了，放在谁身上谁都没有办法心气平和。她总想着再和那个男人坐在一起好好谈谈。谈什么呢？该谈的在办理离婚手续之前都谈完了。可她就是没有办法死心，想讨个理由。其实理由那个负心汉也早给了她："我不爱你了，爱上了别的女人！"为什么还要死心眼一定要听他再说一遍这个该死的理由呢？

她总想着那个负心汉只是一时糊涂，兴许一离婚就又怀念她的好，回心转意。呵，对着这女人，还能说什么呢？更要命的是，她还寻死觅活，想要结束自己的生命。

闺密们为她操碎了心。好不容易陪她过了一段水深火热的日子，她愤怒的心渐渐平复，闺密们还是不放心，只得打电话请来她的老母亲，再陪她一段时间。

我只能说，是她对自己太残忍了。

真正的爱情或婚姻是不会死的

爱情这个东西，其实就像一棵树，枯了就枯了。你又不是神仙，找不来起死回生的神水来灌溉。守着一段死亡的爱情过日子，是你对自己残忍。

或许有人会说我站着说话不腰疼，自己不失恋，当然把事儿说得轻松极了。

其实，谁没有那么一两段绝望的爱情呢？谁又不是踏着死掉的爱情去寻觅新的更好的爱情？

有句俗话说，人生除死无大事。

想要好好的活着，你须得有这精神：没有什么大不了的事，除了死。

死也要死个顺其自然，顺的是生命规律，而不是为了感情。又有话说："没有憋死的牛，只有愚死的汉。"

人若被自己的愚蠢致死，那就是残忍的事了。

再说了，死掉的爱情都不是好爱情，死掉的婚姻也不是好婚姻，真正的爱情或婚姻是不会死的。

何必再追问一些不能当饭吃、不能当水饮的烂理由，别总是往自己的伤口上残忍地撒盐。

那样说不爱就不爱、说散就散的男人，让他去吧。他既然狠心这么做，就说明他没有真的爱过你，他是不负责任的男人。早分早幸福！

不要想以前快乐的时光

以前的快乐时光，怎么办呢？肯定不能不想。

屋子里有那么多曾经美好而今破碎了的回忆，这些回忆都刻在那些你们曾经共同拥有过的物件上了。

最好的办法也是最简单的：能烧的烧，能撕的撕，把那些东西都毁掉。不忍心毁掉的就赶紧藏起来，眼不见心不烦。等到伤口愈合、想感念一番的时候，就再拿出来，你会发现原来都是回忆了。甚至经过时间的洗礼，你会发现你根本不恨他了，当然也不爱他了。一切就像一场梦，梦里全是美好的，看着那些东西，多像在看一场黑白老电影。

说个小秘密，其实我也藏着一些旧回忆。比如说那本日记本。那是从前那个她送给我的，在我们最爱的时候，她为我写了厚厚的日记，送给我。但是，这能抵挡什么呢？说不爱的时候，依然不爱，决绝分开，任我怎么哀求，还是无济于事。

让你见笑了，曾经我也哀求过爱情。不过，爱情不稀罕我的卑微。

当然，伤心的时候我还是没有将那本日记烧掉，而是藏了起来，打起精神开始新生活。

现在再拿出来看，想起来的都是美好。不美好的是，我也想起我曾经对她做过一些傻事。还好，都过去了，风轻云淡。

再痛的伤口都会在时光里悄然愈合的。

大哭一场

哭不是坏事情，但是哭了多少就要坚强多少！

流泪是一种释放。悲伤的时候，你可以容许自己痛哭一场。哭过了，你也就该开始坚强了，洗洗脸，对着镜子里的自己笑一个，告诉自己，一切都会过去，没什么大不了！

当然，你也可以告诉自己，上帝很爱你，上帝看出来他是不爱你的，所以就把他从你身边赶走了。或者说，上帝看出来他根本没有资格爱你。

就让他走，就容许自己哭。

不要对着他哭。把微笑留给伤害你最深的人，让他知道他并不是最重要的，没有他你也还可以活得很好。

若是对着他哭，他会很得意，兴许心里会想：看，这个傻女人，离开我她就是活不好。

何必给他这份快意，他都不爱你了！

亲情和友谊很重要

失恋或失婚了，绝对是享受亲情和爱情的最好时刻。

他离开了，没有关系，你回父母那里去。不要羞愧，哪怕当初你为了那个臭男人曾经和父母闹得不可开交，这时候还是要回去，你父母不会嫌弃你。他们不会真的忍心将你冷落。

你也可以去找你的朋友，想喝酒就去找她们，不要害怕为她们添麻烦。因为你失恋了，所以你最大。如果她们以你为麻烦，那她们就不是真朋友。人说"患难见真情"，就是这时候你才能很好地感受到谁是真的爱你，而谁又一直等着看你的笑话。

做点让自己快乐的事

先前是否为了他减肥呢？忘掉减肥这事情，大快朵颐一番，胃好心情就好！什么瘦身不瘦身，开心最重要！

以前为了给那个男人省钱，衣服都不舍得买？现在去逛街，遇到喜欢又买得起的衣服就买下来，好好打扮自己，迎接新生活！

失恋了，干吗还对自己那么苛刻呢？放纵一次叫自己开心一下。那个人不爱你了，你该自己爱自己，自己对自己好点！

最好的报复

我一点都不提倡你去报复。但是我知道，你肯定有那么一些时刻，杀他的心都有，甚至还为此做了一些周密的计划。还好，你终究没有实施。这是对的。杀人偿命，你要时刻谨记，丢了爱情，还为这该死的爱情坐牢或丢命，实在愚不可及！

当然，兴许你还想采取其他的一些报复方式。有什么用呢？我敢保证，报复过后你不会快乐多久的，空虚在等着你。

不如置之不理！该怎么活还怎么活，并且争取活得更好，让那个混蛋羞愧去吧！这才是最好的报复。

怎么快乐怎么过，不是为了他，为你自己！

不要向他追问理由

想着求他回心转意？

傻子，干吗去求他！

他既然说要分开，肯定是不爱了。如果他还心存爱意，你也不要去找他，让他自己找上门来。他找来，你也要认真考虑，接受他或踢开他都随你！总好过你死皮赖脸去惹他笑话。

还想着追问一个不爱的理由？

要什么该死的分手理由。爱的时候，爱就是爱，没有理由；不爱的时候，同样不需要理由，不爱就是不爱。在最后给自己留些自尊。

相信一定可以遇见最适合自己的

失恋的时候，你是不是觉得万念俱灰，好像这个世界没有好男人了？

不要因为这样一个混蛋男人就放弃你对爱情的憧憬。

女人对爱情永远是宁缺毋滥的。上帝让你们分开，是为了给你一个更好的、最爱你的，让你在遇见那个最对的人的时候知道好好珍惜，而不是为了让你失望沮丧！

也许看到这你觉得如果真能那么洒脱，我们还会失恋吗？但如果这样做了，我相信你心里会更好受。

他变心了，你要谢谢他没有再耽误你追寻幸福的时间。他说你性格不好，你要谢谢他把你的缺点告诉你，让你可以好好改正。

当然，你要微笑着优雅转身走开！

2. 有时间坐下来和母亲好好聊聊天

18岁时你做了些什么

世界上有一个最美好的名字，那就是母亲。

于一个女人来说，她这一辈子最贴心的朋友就是她的母亲。

在这儿，我想给你看一封一位母亲写给她18岁女儿的信：

在酒吧幽幽暗暗的灯光里，你告诉我说你恋爱了，可是没有恋爱对象。我不解。你说："他有女朋友了。"

"那他知道你对他的爱吗？"我问，你摇头。你的手从桌子那端伸过来，握住了我的手："妈妈，我愿意为他做一切。"我询问地望着你，你肯定地点点头，"妈妈你根本没有见过他，他长得很帅，也很酷，比刘德华还帅还酷。"

我们面前的玻璃杯都见了底，我招手欲喊服务生，你制止了我。你说："妈妈，我想把他抢过来。我已经想好了，我要找到他直接跟他说，我想他知道我的心事后，可能会要求跟我同居。我不知道妈妈你对性是怎么看的，我觉得性应该是爱的伴生物，而不是婚姻的伴生物。"

我挺了挺脊背，说真的，女儿，你的话让我浑身发冷。女儿，我不得不告诉你，你的目光刺伤了我，让我觉得我作为一个母亲是多么失败。我把你带到这个世界上，我培养你教育你，只是想让你有一个好的未来。可你的目光告诉我，除了爱情，你什么都不想要。我不得不告诉你一些道理，一些有关爱情和性的道理。

我觉得真正的爱情不是单向的，而是双向的。

爱一个人很幸福，但如果你爱的人不爱你，你的爱对他来说就是负担；被爱也很幸福，但如果爱你的人不是你所爱的，那这幸福就像是掺了水的酒，失去了原本应该有的香醇和浓度。如果你爱的人不爱你，那么你对他的奉献就应该是远离他，给他一个舒畅的空间；如果爱你的人你不爱，那就远离他，不要给他希望，免得他日后更加绝望。

如果你试图用性去吸引你所爱的人，如果那人不爱你，如果不幸他又恰巧是个好色之徒，那你等于是给他一个占有你然后轻视你的机会；如果有幸他是个正人君子，那么你的大胆奉献会让他误以为你是个轻薄之人，他会对你退避三舍。

女儿，妈妈说了这么多，不知你有何感想。你也许会说："如果两个人真的相爱，那性也就不成问题了吧？"那么，我就要以一个过来人的身份告诉你："如果一个男孩真的爱你，他真的想娶你，他肯定会尊重你爱护你的。因为爱的最高境界不是占有，而是尊重和爱护。"

我的女儿，你应该明白：性不应该成为保全爱情的牺牲品，而应该是爱情的果实和结晶。

这封信于你来说是否太老了？或许你离开你的18岁已经很多年了，但你曾经从18岁走过。那时，你的母亲想必也是如此对你悉心教诲。天下所有母亲的心都是相同的。

我猜，在经历过生活的许多风风雨雨之后，你是越来越爱你的母亲了。因为你知道，这世界上，对你而言最知心的人只有母亲。

人们都说，女儿是母亲的贴心小棉袄。其实，母亲又何尝不是女儿的贴心小棉袄？

或许在少女时期你是叛逆的，和你的母亲有许多冲突；或许在你恋爱时，你母亲看上去很笨地和你讲一些你认为很俗的道理，比如说指点你选择一个什么样的男人，或许你很不耐烦。但是，当你经历过一些事情，你会发现，母亲曾经教导你的都是对的，那是她的人生经验。她只是希望你不要走弯路，不要受伤。可能你现在已经懂得了。可是，你有没有计算过，你有多久没有坐下来好好地和母亲谈天了呢？

一个女人在另一个女人的庇护下成长

想想看吧，你如何成长为现在的你？

是的，一切都是因为有母亲的陪伴和呵护。

你对母亲的依赖是无处不在的。

从出生开始，你就被母亲捧在手心儿里。窝在母亲温暖的怀抱里，闻着她身上的香味，你是怎么也舍不得离开的，而母亲同样也舍不得放下小小的你。

刚刚会走路的你让母亲时刻提心吊胆，生怕路不平、桌子长角、椅子挡道。在你蹒跚学步的路上，母亲始终弯着腰陪伴着你。你一不留神摔了碰了，她一定最先去打那个"不听话的桌子"，帮你解气。

后来你上幼儿园了，母亲又忙着倾听你放学回家后喋喋不休的汇报，从中午吃什么到班上小朋友谁和你关系最好，你事无巨细地说，她一丝不苟地听。

你上小学了，上中学了，母亲越来越听不到你的悄悄话了。终于有一天，你有了自己的朋友、自己的社交圈，和母亲说话的时间越来越少了。但她始终关注着你，关注着你的成长，关注着你的变化。

你恋爱了，母亲比你还要紧张男孩的家庭背景、个人履历。母亲要把好关，才能放心地把你交给他。

你出嫁了，母亲既高兴又失落。高兴于你长大了开始自己的家庭生活了，失落于你离开她了，她也老了。但不久，你生了孩子，母亲的工作又开始了，又重复着曾经为你所做的一切，去忙活着呵护你的孩子。母亲就是如此的平凡而伟大，她永远是你的靠山。

……

想想看，你是否就是这样长大？

她是你的母亲，她给你呵护、给你温暖，你受伤了她比谁都心痛。你就是在这样一个全然忘了自己的女人的庇护下，成长为一个成熟优雅的女人。

你不一定是她最贴心的人，但她一定会是你最贴心的人。

找点时间回家看看母亲

长大之后，你有太多的理由离开生养你的地方，去另一个地方做了异乡客。

你也总有那么多的理由不回故乡，不回母亲身边。直到有一天，受了伤，在最难过的时候，像一场酒醒，头痛欲裂，突然想要一些抚慰，于是想起母亲，给她打了个电话，说着说着就哭了起来。是的，只有在母亲面前落泪，你才觉得这一切都很寻常，丝毫没有尴尬。

有时间，就多回家去看看母亲，和母亲面对面坐下来，一边做家务，一边谈天。你应该多和母亲谈谈。

谈谈生活，说说你的开心或者不如意，听听母亲怎么说。她的一些观念或许是落后的，但她的爱心永远不陈旧。即使有些话你觉得并不是那么妥帖，也不要去反驳，微笑着倾听就好。而有些话，也定能让你有醍醐灌顶的感觉。你甚至都会认为，为什么以前没有想着多和母亲谈谈呢？倘若常常和母亲聊天，听听她的建议，你兴许都会少走许多弯路。

谈谈男人，你爱的男人或爱你的男人，听听母亲怎么说。母亲和父亲生活了一辈子，她自有许多和男人相处的心得。你要知道，天下男人虽然各不相同，但还是有许多共通之处的。这一点，在和闺密聊天，听她谈她的男人的时候，你兴许早有感觉：原来天下男人都差不多。

就和母亲好好谈谈吧，尤其是感情出现波折的时候，听听母亲的建议，你会受益无穷。

即使不谈生活也不谈爱情，也和母亲一起坐坐，随意聊天，谈谈你小时候的事情。谈着谈着，你会快乐起来，会发现许多你原来不知道或者已经遗忘的事，会在跟母亲交谈的过程中重新回到童年，看这一路自己是如何一步步走来的。

如果你结婚了，有了孩子，更需要和母亲多谈天。听听她是如何抚养你长大的，学学经验。你今天如此优秀，一切都是母亲的功劳。听听她怎么说，学一些她的经验，学会更好去抚养你的孩子。

任何时候，你都不应该冷落母亲。不仅是因为她将你带到这个世界，更是因为她老了，老得像个孩子，像你小时候那样，需要照顾。她需要你的贴近，也需要贴近你，依靠你。像你小时候离不开她那样。

来自母亲的温暖，是你这一辈子最坚强的力量源泉。

任何时候，你难过了、疼了，都可以回到母亲身边。

有人说："在这个不完美的世界，母亲是最完美的。"

也有人说："世界上有一种最美丽的声音，那就是来自母亲的呼唤。世界上的一切光荣和骄傲，都来自母亲。"

记住这些话，好好品味，然后好好去爱你的母亲。

母亲的爱永远不会枯竭，阳光再灿烂，都比不上母亲所给的爱温暖。

她曾经给了你无穷的爱与温暖，现在她老了，你应该把这些回馈给她。

每个女人这一生最要好的朋友，就是她的母亲。

3. 和父亲去谈谈男人的那些事

有一个男人真的爱你如生命

先和你说说我和老余的故事。

老余一开始不是我的朋友，而是我前女友的父亲。我和他的女儿小余分手后，却并没有跟他断绝来往，反而成了知心之交。

有一天老余给我打电话，说要让我陪他喝酒。他的声音听起来怪怪的，我问他怎么了，他只是叹气。

一见面，憔悴的老余使我大吃一惊，我慌忙问他发生了什么事。

他淡淡一笑："我能有什么事？"

我说："不，不像，你这样子像是失恋了。"

"小余失恋了。"老余怔了半晌，喃喃地说，"喝酒！"

老余今年四十四岁。小余是我的大学同学，她的家和我们学校在同一个城市。恋爱后，有一天小余和我说："我老大想见你。"

她老大？我吃了一惊："你在混黑社会吗？你老大是谁？他是不是欺负你啦？带我去见他，看我不把他捅成马蜂窝！"

"你敢！"她大叫道，"我老大就是我老爸！"

第一次见到老余，他就趁小余不在身边时恶狠狠地对我说："你小子要是不好好对她，看我怎么收拾你！"

那时不熟，我怎么都想不通他怎么可以这么粗鲁地对待第一次见面的客人，何况我是他的未来女婿啊。熟悉起来之后我才知道，小余就是他的命。

老余年轻时不求长进，整天打架斗殴，甚至一度与父母断绝关系，妻子一气之下提出离婚。和妻子离婚时，在处理小余的抚养权时，他提出让八岁的小余自作决定。

仅仅八岁的小余，作出了她人生的第一次重大选择。老余说，他当时都不敢看女儿的眼睛，也不敢奢望女儿会选择和他生活在一起。

当他看到女儿一步步走向妻子的时候，他的心在一层层破碎。那一刻真是绝望到了极点，他悲凉地想，这一次是真的什么都没有了。

"妈妈，你走好！爸爸身边不能没有一个人。"小余仰起脸望着妈妈轻声而又坚定地说。

在女儿说完这一句话时，这个从不落泪的男人顿时泪流满面，在场所有人也都湿了眼睛。也是在那一刻，老余发誓要给女儿一个幸福温馨的家。从此之后，他金盆洗手，投身商海，几年后终于闯出自己的一片天空，赢回了自己的尊严，同时也慢慢地得到了父母的谅解。

虽然身边一直不乏美女投怀送抱，但他担心伤害到女儿，就从未提过再婚的事。直到女儿上大学后，他才在女儿的催促下又一次走进婚姻围城。但是，在婚礼上他庄重地宣布："我此生最爱的人是我女儿。"

有人问："如果有一天，你面临着妻子和女儿只能选其一时，你会怎么办？"

老余还是毫不犹豫地回答："女儿！"

他新婚的妻子回答得很机智："我不会让你面临这种选择的。如果真到那一刻我会自行选择离开。但这是不可能的，我和小余就像两姐妹。"

私下里老余对我说："其实结婚是为了完成女儿的心愿，不能老让她觉得我需要她的照顾，我结婚是想让她能更好地去追求自己的生活。"

我们就面对面喝酒，很少说话。我想他肯定有很多话想对我讲，就像我一样，我也有很多话对他说，但我们都不知从何说起。所以两个人心照不宣地沉默，一杯接一杯地喝酒。

那天晚上，他说了一句让我感慨万千的话："你和小余，在错的时间，遇见对的人，只能是一声叹息……"我突然也觉得自己失恋了。但我知道老余伤得比我深，比我更难过。因为他爱小余远比我爱得更深。

后来我想，其实天下所有的父亲都一样，他们对女儿没有甜言蜜语，无需海誓山盟，无需浪漫鲜花，有的只是一份浓浓的爱。那是怎样的一种爱呢？我现在还想不清楚。但我知道，当女儿失恋时，父亲一定是比女儿更难过的了。

如果说这世界上还有一个男人对女人永远不离不弃，永远死心塌地爱她如同生命，那么这个男人是一个父亲，而那个女人就是他的女儿。

就算全世界都将女儿抛弃了，至少还有父亲这个男人。他永远都是她温暖的港湾，给她肩膀让她依靠。

女儿与父亲之间有着天然的亲密感

《中国学生健康报》曾经对北京十所高校的一百名女生做了一项关于家庭关系的调查，在问到"在家里，你和谁比较亲密"时，60%女生的回答是与父亲比较亲。

为什么女儿和父亲会比较亲密呢？

按照精神分析的理论，儿童从3岁～6岁开始进入性器期。此时，女孩开始注意到两性的差异，与此同时她也会发现，父亲是一位异性，在性别上与她是不一样的，对父亲也就多了一份好奇。进入青春期，由于雌性荷尔蒙的分泌，使女孩成为"阴极磁场"；她会不自觉地被身边那个"阳极磁场"吸引。那个有着"阳极磁场"的人就是她的父亲。

到了青春期，女孩子在父亲面前往往表现得很矛盾：她羞涩躲避，但同时又对父亲充满好奇，欲求亲近。一位优秀的父亲很可能成为女儿心中第一个异性偶像。

所以，女儿与父亲之间有着天然的亲密感。现实生活中，很多女生感觉与父亲更亲，也可以说是这种"天生"使然。

男人和女人之间的关系其实挺微妙的。比如说娶老婆的时候，男人是从一位父亲手里把自己心爱的女人抢回来的，而当女儿长大成人的时候，父亲其实特别紧张别的男人把她抢走。

对父亲而言，女儿、老婆都是自己的，也就是说，潜意识里的占有欲，让他们可以对很多问题漠不关心，却不能对女儿私自寻找另一半坐视不理。

歌手黄安在女儿出生不久后为她写了一首歌。

歌中这样写道："女儿呀女儿，整天都在我左右，跟着我，黏着我，你现在还是小朋友。现在爸爸抱着你、亲着你、握着你，无忧无虑在一起，可是你长大以后就会是别人的妻，想着我抱别人的妻，我是多么不愿意。女儿呀女儿，还有多久能相聚，我要时刻守着你，直到你离我而去。"

不得不承认，这首歌写得很真实，相信很多男人都是这样的心态。

其实在男人的生命中，影响他们一生的只有三个女人：母亲、妻子和女儿。

对母亲，男人是敬爱；对妻子，男人是亲爱；而对女儿呢，这份情感是复杂的，只能说那是一种天生的亲密感，是天性使然。

女儿对父亲也是如此。

据我所了解，有很多女子，你可以对她开各种玩笑，但你不能对她的父亲有丝毫的不恭敬，她会和你翻脸的。

常回家与父亲谈谈

身处这样的时代，很多女子在成年之后就离开家乡，像男人一样四处漂泊，为生活打拼。渐渐远离故乡，远离了父亲，有时一年都难得回故乡一次。

有了丈夫，有了孩子的女人，在远离故乡的城市，还会有多少时间想起自己的父亲呢？

她还是会想念的，尽管只是偶尔。

当她用去很多时间去想念父亲的时候，大多是在生活受到挫折了。爱情或婚姻上的挫折，让她想回家。因为她知道，在故乡，有一个男人爱她如生命，不管她是美是丑、是胖是瘦、是贫是富。那个男人就是她的父亲。

我想，一个幸福感很强的女人，通常都会有温暖的亲情和甜蜜的爱情，然后就是左右逢源的社会关系了。而亲情则是最重要的。因为父母永生都不会嫌弃你，他们只会不管不顾地爱你，在他们眼中，你永远都是一个需要细心照料的孩子。这样的爱，除了他们还能有谁给你呢？

所以，无论工作多忙，无论你所在的城市距离故乡多遥远，都还是要常常回故乡看看的。

不要给自己找太多的借口，为了回故乡看望父母，任何推脱的借口都是苍白无力的。

孔夫子曾经这样说："父母之年不可不知也，一则以喜，一则以惧。"

《韩诗外传》中又说："树欲静而风不止，子欲养而亲不待。往而不可追者，年也；去而不可得见者，亲也。"这应是人生最悲凉的事情了吧。

很多事情，人们常常是等到来不及的时候才想起去做；很多人，常常是等到来不及的时候才想起去爱。可惜，一切都已来不及。

那么，趁着一切都还来得及，常回故乡看看吧。

恋爱或已婚的女人，你完全可以坐在你父亲的身边，和他谈谈你的生活，你爱的男人，爱你的男人，听听他怎么说。他是一个经历人生风雨的男人，很多事情他自有独到的见解，尤其是男人，身为一个老男人他自然很知道男人都有哪些臭德行。和父亲谈谈，是能学到很多和男人相处的秘诀的，他能帮助你少走许多弯路，更快地抵达幸福。

还记得电视剧《王贵与安娜》吗？王贵的女儿安安和国诚结婚后，好日子没有过几天，因为各自的固执而起意离婚。是谁挽救了这段婚姻呢？是王贵。王贵和女婿彻夜长谈，幽默而又有理地劝解，终于使国诚意识到，身为一个男人应有怎样的担当，应如何去爱自己的妻子。

是的，最肯为女儿出头的，只有父亲。

作为一个女人，如果说这辈子只有一个男人会爱你如生命，那就是你的父亲。

好好去爱他吧。找时间去看望他吧。和他坐坐，聊聊天，哪怕你不说话只是静静地坐在他身边，他都是欢喜的。

4. 你怎么可以没有三两个闺密呢

不要害怕你的闺密

我向来认为部分媒体是惯能无事生非兴风作浪的。比如说前一阵子就有不少媒体在热炒什么"闺密是糖，甜到哀伤"或"闺密是毒药"，各种将闺密妖魔化的报道一时间铺天盖地。看到这样的报道，很多女人都怕了，开始对自己的闺密疑神疑鬼起来，生怕一个不小心，那闺密不但不为她两肋插刀，反而狠狠地往她肋上插两刀。

其实，完全没有必要如此听风是雨，并非所有的闺密都是毒药。被蛇咬过的人在看到井绳的时候难免大惊失色，你这不曾被蛇咬的，怎么也能跟着畏惧井绳，并且因此而不去汲水呢？

哪个女人没有三两个闺密呢？

女人是需要闺密的，就像男人需要一些可以喝酒谈天的狐朋狗友一样。

被万千女人追捧的《欲望都市》，用了那么长的剧集不过是为了阐释一个观点：友谊是女人可以期待的最好依归，而男人只不过是蛋糕上面的糖衣。

姑且不谈这个观点是否有失偏颇，有一点是可以肯定的，每个女人都要有闺密。

找个闺密分享心事

为什么女人需要闺密呢？

我先问你，女人的心事谁最懂？男人？当然不是！男人最厌烦的就是去猜测女人心。或许也说不上厌烦，只是他们因总是猜不透而心生畏怯，所以索性不猜。既然男人不懂女人的心事，那最懂女人心事的就只有女人了。

想想看吧，从结伴上厕所到一起读书、逛街、扮靓、认识男人……这中间有多少事情是男人所不能了解的？基本上男人都不了解。但是，人活着总需要一个或几个知音，获取理解或同情。

为了心事能有人来分享，所以女人需要闺密。

她能给你一面镜子

我再问你，友情重要不重要？当然重要，尽管很多人都将友情排在亲情和爱情之后，但究竟是"三情鼎力"缺一不可。朋友就相当于你的一面镜子，你能通过对方不断地对照自己，矫正自己，使自己更适应社会。

而这友情，女人和男人之间能产生吗？能，但是很少。大多男人接近女人时，都是心怀鬼胎的。所以，还是女人和女人之间的友谊最可靠。

仅仅是为了获得友情，女人也需要闺密。

还有，女人是习惯倾诉的，当她对男人倾诉太久，男人肯定会因为她的喋喋不休而感到厌烦——关于这一点，你随手就可拈出一个事例来证明。倘若一个女人对另一个女人倾诉呢？另一个女人会表示理解甚至积极参与，彼此互相倾诉。这种温暖和琐细的沟通和交流，以及随之所产生的亲昵和依赖也只有女人之间能心领神会。

更何况，女人和女人之间有那么多的共同点，比如生理现象，对宠物和衣饰的相似偏好，以及同样的生活习惯或者情感挫折，这些都会让女人快速产生心理上的认同和亲昵感。

所以，女人需要闺密。

还有很多美好的东西都是闺密给的

你也知道，男人天生富于攻击性，而女人则具有防御性，因此男人习惯独处，女人习惯群居。女人会因为群体行动而安心，因此一个女人在夜里独自回家会感到害怕，而三两个女人一起逛街却往往兴高采烈。

逛街，这对女人来说是太重要的一件事了。你甚至可以让一个女人所有的下雨天都不要打伞，但你绝不能阻止她去逛街。

仅仅是为了逛街有个伴，女人也需要闺密。

当然，女人拥有闺密还有很多的好处。

比如说，有闺密就等于拥有了免费的感情顾问、服装搭配师、义务的美容师，在你遇到麻烦时她还会主动承担起"狗头军师"的职责。

比如说，你和丈夫吵架生气，暂时不想看见他，那你去哪儿呢？多一个闺密，就多一个可以收留你的地方，还不要你掏住宿费或者饭钱。

再比如说你不想做饭时，可以去闺密家蹭饭。更重要的是，有了闺密，你就等于有了永远的情绪"垃圾桶"，开心的、不开心的你都可以倒出来，她会一股脑儿装进去。

想想看，是不是这样？

闺密是女人生活中很重要的一部分

如果你认为我只是在空谈一些瞎道理，那么我就来插播一些采访中所收录的、一些女子的"闺密宣言"：

小丹说："我们喜欢勾肩搭背逛街、聊天，因为我们怕一个人就找不着北。我们都容易缺乏安全感，在没有男友的前提下，闺密便是我们的精神依赖。就算有了男友，闺密仍然是我们生活中很重要的一部分。"

燕子说："我们可以分享女人之间相似的情感经历或感受，这比男性朋友更容易产生共鸣。我们的心思对方理解，我们都是彼此永远的情绪'垃圾桶'。"

婷婷说："我们时常没心没肺地胡侃一通，失恋时一起哭一起闹，酩酊大醉后相拥互送回家。谁让我们都太喜欢说话了呢，如果没有闺密，我们会被一肚子的话活活闷死的。婚前，我们一起憧憬未来，聊各自的男友；婚后，我们聊家庭、聊老公；做了妈妈后，我们聊孩子、聊教育……"

可不是吗，闺密就是经得住俗事考验，不论境遇相差多远，都能真心祝福彼此的一帮女人。

每个女人的人生旅途中，都会拥有或曾经拥有几个亲如姐妹的知心朋友。也许你们很久不见，但每一次见面都无话不谈；也许你们喜欢一起逛街血拼，还一起丈量远方的风景；也许你们曾有过嫌隙，但一遇到难题，却谁也离不开谁；也许，经历了生命的挫折挣扎之后，你们彼此倾诉，相互温暖；也许，很多时候，当你都已经遗忘了自己的过往之时，她却还为你收藏着儿时的糗事；也许，在你为爱情胜利欢呼雀跃时有她替你高兴，而在日后感情受挫时也有她陪你伤心落泪……

5. 你从哪里来，我的闺密

多年同窗成闺密

我认识一个叫芳芳的女子，她供职于某事业单位，和另一个叫莹莹的女子是二十一年的老朋友了。

时下"朋友"二字贬值，莹莹不喜欢用"朋友"来形容她们之间的友谊。她认为她们应该属于那种超越朋友，甚至赶超亲人的"闺密"。

她们是高中校友，因为同时帮助另一个家庭困难的同学，而被彼此的善良所吸引。从此，结伴上学放学，成为无话不说的好朋友。

她们完成了学业，并在各自的工作领域积极拼搏，奋勇上进。再后来，她们又都有了自己的家庭，有了自己的孩子。

有人说，女人之间产生友谊是比较难的，因为女人爱嫉妒和猜疑。而要一个女人开口赞美另一个女人，比登天还难。但芳芳和莹莹超越了这些，可以算是一个特例吧。

芳芳比较粗枝大叶，莹莹比较细心，但这并不影响她们欣赏彼此。她们会相互影响和学习，会时常发现对方的优点并真诚地告诉对方，这当然有别于"恭维"。

比如莹莹很有才气，爱好看书，写诗作文都很棒，而芳芳与她相比稍差一些。于是，芳芳会受莹莹的影响爱上看书，也会偶尔写点儿东西发表在博客上。

而在莹莹看来，芳芳性格爽朗，有引导力，会带动她思考。拿她的话说，芳芳虽然小她十几天，却像个姐姐。芳芳是太阳，莹莹是月亮，芳芳有引力吸引着莹莹始终围绕着她转。

其实不然，莹莹一直非常包容芳芳，对芳芳照顾得无微不至。

她们同样不爱逛街，同样的乐观、开朗、善良，就连一些小动作都很像。

除此之外，她们还能把很多不能托付给老公和父母的事情让彼此分担……就是这些共同点，让她们这么多年的友谊非常自然地得以延续。

芳芳和莹莹的闺密相处大法是：适度欣赏、赞美对方，以心交心，共同学习和成长，包容和体谅彼此。

她们是由同窗发展而来的良朋知己、亲密死党。

有时同窗不如同事

和芳芳、莹莹比起来，刘丽霞和同窗的闺密情就没有那么幸运了。

刘丽霞和那个曾经的闺密在高中时是同桌，后来两个人都没有考上大学，就一起进了某家酒店实习，当时她们情同姐妹，可以说是同吃同住，有衣同穿。

有一次，她们一起买了一件一模一样的衣服，次日刘丽霞将衣服穿上身时才发现衣服破了一个洞。她没在意，还问闺密衣服是否完好，需不需要一起拿去换。令刘丽霞很吃惊的是，后来有人告诉她，原来是闺密发现这件衣服有破洞后，故意给了她。

此外，平时外出吃饭时，她们因为谁付账也曾出现过一些矛盾，刘丽霞没有过于计较。可后来的一件事情彻底导致了她们的决裂。

在酒店实习期满后，酒店准备提拔一名主管，刘丽霞和闺密一同参与竞争。本来大有希望的刘丽霞最后失败了，而闺密却获得了晋升机会。作为朋友，刘丽霞为闺密的成功晋升而高兴。然而，后来刘丽霞得知，是闺密用了她无法接受的手段获得了那个职位。

刘丽霞绝不会和一个背地里说自己坏话的人继续做朋友。于是，从那以后她们就断了来往。

人生就像乘坐公共汽车，有人下车，有人上车。刘丽霞现在的闺密是后来的同事，有什么事她都会首先想到闺密。最近，闺密快要生宝宝了，但她老公经常出差不在家，刘丽霞一有空就去照顾闺密，为她做一些小事，包括帮她系鞋带。

有趣的是，刘丽霞的男朋友有时还会吃醋，认为她对闺密好过对他。

现在刘丽霞明白了：和闺密相处，要目光长远，将心比心，心胸宽广。有共同兴趣和爱好的女伴更适宜成为闺密。

谁说同事同行是冤家

很巧，白艳艳的闺密也是从同事发展来的。

白艳艳在一家企业的驻外办事处工作，因工作关系，要经常住宿舍。刚开始她觉得很不习惯，三个女子住在一起，少不了有些小麻烦。

不过，因为大家都身在外地，也都需要相互照顾，所以越来越能相互理解。平时谁做饭时没米了，白艳艳就毫不犹豫借点米给她。当然，要是哪天白艳艳没做饭，也可以去别人那里蹭一顿。

有来有往，没过多久，她们就打消了彼此心中的芥蒂，大家开始合伙做饭。今天你做，明天我做，后天她做……不管谁做饭，都要等着三个人到齐了才开饭。三个女人的宿舍因此越来越像一个小家，大家更以姐妹相称。

于是，随着她们三个人感情加深，友谊也得到了升华，从同事变成了无话不谈的知己。虽然三个人现在已经不在一个城市，但工作之余，她们还是会打长途电话聊聊家常，谈谈自己的家庭和孩子。一有机会，她们还会带着家人相互串门。

在白艳艳看来，同事之间相处其实不难。第一，要以诚相待，用真诚去感染别人；第二，应该宽容待人，人无完人，想想自己也有做错事情的时候，也就不会太苛刻地去要求别人了；第三，不要恶意伤人，如果无意伤害了别人，要及时补救，真心的朋友会理解的；第四，学会倾听，也要学会替女友保守秘密，女人都有倾诉的欲望，听了就听了，能帮助和开导女友的话一定尽力，但绝不能成为他人隐私的传播者；第五，如果遇到小心眼或者嫉妒心强的女伴，不必正面冲突，更不用讨好，适当地远离就可以。

白艳艳的闺密相处大法是：为人正直、善良、坦荡荡——有目的性地交朋友，是交不到真心朋友的。

和闺密在一起

闺密有很多种，无论是哪一种，女人间的友谊或许都不会像男人之间那样满腔热血、肝胆相照，但更为细腻和持久。

闺密间聊家庭、美容、八卦甚至小道消息，看似很无聊，其实是非常好的减压方式。而且，女人为取悦男人而收敛了自己的很多真性情，只有在闺密面前才能得到最大的释放。

因此，女人离不开闺密。也可以说，如果你拥有着与你有相似经历、同等智慧的闺密，是无比幸运的。

6. 微笑是女人最动听的语言

微笑是女人去往任何地方的最有效的通行证

世界上最神秘但最美丽的女人是谁？

蒙娜丽莎！

这个女人，唇角微微上扬，不发一语，就那样静静地微笑着，望着每一个来到她面前的人。认真地说，这个女人的眉目并不是特别的漂亮，但是，遇见她的人，谁能说她不美丽呢？

想想看吧，有多少人用去了多少时间来研究蒙娜丽莎的微笑，却什么都没有研究出来，除了得出一个"会微笑的女人最美丽"的结论。

是的，会微笑的女人最美丽。微笑是女人去往任何地方的最有效的通行证。女人去往什么地方？除了围绕爱情婚姻所搭建的圈子，除了围绕亲情友情所搭建的圈子，女人还需要去别的地方行走。男女平等的社会，男人能去的地方，女人也能去。

说实在的，我是非常害怕女人微笑的，特别是陌生的漂亮女人风情万种的微笑。我有一个哥们和我有着同样的硬伤，他常说衡量一个男人是不是成熟，那就带他去看看女人的微笑吧。可我自我感觉还算是一个成熟的男人，男女之间的风浪多半经历过，可怎么偏是过不了女人微笑的这一关呢？

我想不是因为我的抵抗力太弱，是微笑的女人实在太美。

坦白地说，我是因为女人的微笑吃过苦头，付出过沉重代价的。

是这样的，我在初二时就迷上了一个女孩子，想想看吧，才读初二啊，多小的一个孩子，居然懂得暗恋了。没有办法，她总是对我笑，不，她对所有人都是温婉又明亮地笑着。我对她着迷到不行，总是在她来学校的路上等她，远远地望见她骑着自行车行过来，我又急忙害羞地跑开，不让她发现我。

后来读高中时，她去了另外的学校。我是多么想念她的笑啊，不说是朝思暮想，也算得上相思成灾了吧。还好，我们一直都保持着联系，她常常给我写信。少男少女多喜欢写信啊，就在白的纸上密密麻麻地写下黑的字，谈天说地，还说一些有关青春的透明惆怅。

我终于忍不住向她表白：我喜欢你已经多年了，就是迷恋你微笑的样子，做我的女朋友吧？

你猜怎么样？她拒绝我了，我又瘦又小，除了还能称得上"眉清目秀"之外，真的无可取之处了。

她拒绝我之后，我们足足有七年没有联系。是啊，年少的心多敏感，一旦被拒绝就会感觉天塌下来了。天都塌了，我们还怎么相见？

还好，在青春的尾巴上，我们又相逢了。这相逢不是面对面的遇见，而是又有了彼此的联络方式，逢年过节都会互相发个信息表达祝福。

虽然多年不见，我依然记得少年时她的微笑。多美啊！

看呆了那些要命的微笑

即使到了现在，见着微笑的女子，我还是没有办法抑制自己的欢喜之心。哪怕那个女子眉眼并不是传统意义上的漂亮，只要她是在真诚地用心微笑，我就感觉到她是美丽的女子了。

我的她因此常常娇嗔地骂我"色情狂"。尽管这只是一句调侃之言，但我还是觉得冤枉。我可以对上帝发誓，我在看她们的时候是不带任何恶意的，只是单纯的欣赏，一种不会打扰她们的欣赏。

但现在好像是时代变了，若是男人们总在大街上瞟觑着美女的话，美女们多半会露出憎恶的表情，就算微笑也是带有防御性的。我倒认为这是一种时代的倒退，长得漂亮让男人多看几眼有什么不好？为什么非得用抵触的目光回视？这样的微笑也罢，漠视也好，都是没有杀伤力的，至少对我这样的男人来说是没有任何杀伤力的。我所难于抵抗的是那种来自心灵的、淳朴的、健康的微笑，这种微笑是带有很强碰撞性的，似乎更加容不得男人有不洁之想。

前些天，和一位好哥们电话聊天。他对我提到了他出差时在大街上遇到的湖南女子，都说湘女多情，一点也不假。用我的话来说，多半湖南女人的微笑是属于比较要命的那种。因为她们面对男人的欣赏根本没有恶意的揣测和漠视，而是常常报以纯真、靓丽的回眸一笑，这是极为动人的。

世界名模辛迪·克劳馥曾说过这样一句话："女人出门时若忘了化妆，最好的补救方法便是亮出你的微笑。"

微笑，这的确是女人最好的化妆品。二十岁时在微笑中憧憬，三十岁时在微笑中体验，四十岁时在微笑中享受生活，没有什么好事情是不可以尝试的。美丽女人，还是要从美丽微笑开始。

男人都喜欢爱微笑的女人

这么说吧，人的表情通常被看成是人们内心世界的一面镜子。微笑，是人们在人际交往中最富有活力、最有成效的表情之一。

男人都喜欢经常微笑的女人。如果说幽默会为男人平添一份魅力的话，那么微笑对女人而言也是如此。真心的微笑会让一个女人魅力大增，这是因为女人的微笑代表了她的许多优良品质，通常是健康、自信、友好和接纳情绪的流露。

迷人的微笑是女人健康生活态度的展示，能给人一种美的人格力量。微笑是一种优良的气质，是一种无法想象的力量。即使你长得不是很漂亮，即使你穿得不是很华丽，但是，如果你始终保持微笑，就会给人一种健康向上的感觉，使人感觉到你是一个热爱生活、热爱生命的人。

人们很难想象一个不热爱生活的人能够经常把微笑挂在脸上。

和一个很会微笑的女人生活，能够时刻让男人体验到生活的乐趣和爱情的力量，感受到女人独特的人格魅力，这也正是男人们所希望的。

同时，微笑也展示了女人自信的一面。

我们已经说过，自信对女人来说至关重要。那些时常保持微笑的女人，总是以一种乐观向上的态度来看待生活中遇到的各种问题，包括情感。女人的自信来自于阅读、经历和思考，阅读让你厚重，思考让你睿智，经历让你从容，而"腹有诗书气自华"，这一切都用微笑表达了出来。

微笑的女人懂得宽容。

男人最怕女人为了某些事情歇斯底里，陷入病态的偏执思维中。这种女人不懂得委婉，不懂得知性，缺乏理智。而那些懂得宽容的女人则不然，她们总是有足够宽大的胸怀来容纳一切，她们从不轻易放弃，但也不过分强求，因为她们懂得知足，知道取舍的智慧。

这样的女人，无论在生活还是在工作中，美的微笑总是出现在脸上。她们微笑着面对一切，从容地面对繁琐的工作，快乐地对待身边的人和事，平静地对待各种困难。她们对生活的期望永远不会太高，因而也就少有失望。她们对待男人更多地持宽容和理解态度。

和这样的女人生活在一起，男人恐怕都要高呼"理解万岁"了。

一些女人为了使自己免受伤害，或是保持必要的矜持，通常给男人一种冷冰冰、不好接近的感觉。和这样的女人一起生活，男人往往需要费尽心机，而且时时处于忧虑之中。女人一个真诚的微笑能拉近她和男人之间的距离，使男人拥有克服各种困难的信心。

在男女交往的过程中，女人的微笑能够消除两人之间的误会。

会生活的女人会微笑

去笑吧，像从未受过伤一样！

即使生活有一万个理由让你哭，你也要找出第一万零一个理由让自己笑，笑对困难，笑对生活，笑对一切。

经常对着镜子朝自己笑一笑，或者对你周围的人笑一笑，你的笑容可以改变你对世界的看法，改变你的心情。

记住，微笑的女人是温柔的，微笑的女人是慈爱的，微笑的女人是可亲的！

心中有爱，脸上就会绽放出笑容。因此，培根说："你的微笑是你好意的信差，你的笑容能够照亮所有看到它的人。"

人们通常要把微笑当成是友善的表达，而真诚微笑的人一定同时也有一颗善良的心。微笑能够让人看到你的友爱之情。

一个微笑能温暖失意的人，一个微笑能让眉头紧锁的人愁云散去，一个微笑能够拉近彼此的距离，从而多一些愉快、安详和融洽。

有一句话说得极为精彩："微笑无需成本，却创造出许多价值。"女人的微笑更是如此。

那就从现在起，给自己一个笑脸，让生活灿烂！

167

7. 不要把你的幸福香水藏起来

幸福意味着自我满足

你幸福吗？

这个问题看上去很傻，并且太陈旧。但是，很多时候，我们得问一下自己：我这样生活幸福吗？

幸福又是什么呢？幸福就是从心灵深处感受到快乐。亚里士多德说过："幸福意味着自我满足。"说得真好，只要心满意足，那么你就是幸福的。

幸福和别人怎么说你、怎么看你是没有关系的。

比如说，你和你丈夫都只是普通的工薪阶层，你们的收入不高，住房不大，却也衣食无忧。更重要的是，你丈夫很爱你，很有责任心，顾家，疼爱孩子。这就很好了啊。你是觉得挺满足的，认为生活一切都好。

你的邻居呢，可能住房宽敞，穿戴名牌，他们在电梯里遇见你，有时会用怜悯的目光打量你，认为你生活辛苦。可是，只要你觉得自己是幸福的，他们如何看待又有什么关系？

再说，你的邻家主妇不是常常三五天见不到丈夫一面吗？当你和你的丈夫还有孩子，一家人温暖地吃晚餐时，那个女人可能正百无聊赖地一个人坐在客厅里看电视。你说，你们两个谁更幸福呢？

幸福就是一种自我满足。只要你是心满意足的，你就是幸福的。

笑是一种幸福，哭也是一种幸福。你知道伤心，才会感受到快乐。痛快地哭，痛快地笑，能酣畅淋漓地表达感情本身就是很幸福的事。

其实幸福就是这么简单，关键在于你是否善于发现和珍惜。

幸福就在你的尾巴上

追逐名利，贪得无厌，那么幸福就会离你而去。平平淡淡才是真的生活，平淡生活中的心满意足，才是真的幸福。整天灯红酒绿、逢场作戏，那只是泡沫上的舞蹈，泡沫散去，一切成空。

当然，并非所有锦衣玉食、灯红酒绿的人都不幸福，任何一个层面的人都有幸福的，也有不幸的。

比如说，生活水平与你相同的朋友，他们都和你一样常常能自我满足吗？不是，他们中有的人削尖了脑袋只想往上爬，只希望能够再多挣一些钱，房子能够再大一些……这样生活，哪里会有幸福感可言呢？兴许他们会说，很为自己的奋进而充实。扪心自问一番呢？他们兴许觉得累。疲累的人生谈不上幸福。

幸福在你心里，又或许就在你身后，你往前走的时候，幸福就会亦步亦趋地随着你。

记得看过一则这样的寓言：

小狮子问妈妈："幸福在什么地方呀？"

妈妈说："幸福就在你的尾巴上。"

小狮子于是追着尾巴绕了一整天，可是除了累得筋骨酸软，并没有找到幸福。

妈妈说："你只要一直朝前走，幸福就会一直在你的身后。"

幸福就是一种自然而然的状态，你心气平和，你总是微笑着，因为你的生活是平静而安详的，你有一颗平静而安详的心。这就是幸福了。你一直往前走，幸福就随着你一路行去，就像小狮子的尾巴一样跟着小狮子四处漫步。

我们说，幸福意味着自我满足。这个"自我满足"其实就是对幸福的自我发现和自我感知。

你珍惜过你面前的那杯白开水吗

有很多人不是没有幸福，只是他们没有发现幸福的眼睛，没有那颗感知幸福的、柔软的心。

其实在很久以前我也是一个感知迟钝的人，或许不是感知迟钝，只是一直忙着往前跑，想着跑快一点再跑远一点，并没有给自己留下一些时间去好好体味生活，甚至连身边最疼爱我的人，我也常常将他们遗忘。

就说我的父亲吧，他在世的时候，我从不觉得他是爱我的，有时甚至认为我们不过是两个最熟悉的陌生人。然而有一天，他突然离开了，我在愣怔半晌后号啕大哭。我想念他，却再也不能见到他。

倘若当初我不是那么固执，倘若我的心能够柔软一些再柔软一些呢，或许，我和我的父亲，我们之间的关系将会是另一番模样。

可惜一切都太迟了，一切都已来不及。"树欲静而风不止，子欲养而亲不在"，这是人生最深的悲凉。

人生可不就是这样吗，有很多幸福就在你的身边，只是看你能不能去发现，发现了能不能去珍惜。珍惜了，也许会幸福一生；错过了，也许就再也找不回来。

幸福常常只是一杯白开水。总听见有人抱怨："我是多么不幸，我从来没有幸福过。"仔细想想，是这些人从没有得到过幸福，还是没有仔细品味幸福这杯白开水，没有珍惜自己所拥有的幸福呢？

你珍惜过幸福吗？你珍惜过面前这杯白开水吗？

幸福真的就是一杯白开水，我们要懂得珍惜这杯白水，因为水在不经意间挥发了，就真的会不来了。

珍惜幸福，珍惜生活中的点滴。懂得去珍惜，你会是世界上最幸福的人。

当你面对一些抱怨自己如何不幸的人时，要笑着对他们说："你确实不幸，你的不幸就在于不懂得珍惜。珍惜幸福，你才会发现自己多么幸福。"

幸福由于分享而丰富

讲一个故事给你。这故事或许很乏味，但我还是希望你能认真地看下去。心平气和，缓慢地看，缓慢地品味，你会有很多收获。

故事是这样的：

有一位农夫，他总是把自己田里收获的优良种子送给邻居。

有人问他："你不担心你把好种子送给邻居，他们将来会比你富有吗？"

农夫是这样回答的："我无法避免因风吹而使邻居的花粉飘到我的田里。倘若我不将好的种子分给每个邻居，那么飘过来的花粉不好，也必然会使我的田地长不出好庄稼。唯有在我周围的品种都是好的，才能保证我的田里产出最好的品种。"

你可以认为这农夫是自私的，他分享的目的其实只为自己能拥有更好的幸福。但是，至少这是一种有益的、健康的自私，在他分享的时候，他身边的人都得到了幸福。

一个人的快乐与人分享之后会成为两个人的快乐，一种知识与人分享，会在分享中增值，变得比原来更多。

既然如此，何不分享一下自己的幸福和大家一起幸福呢？

分享，不只是一种美德，还是让自己快乐的一种生活方式。就像在公共汽车上给老年人让座，你与人分享的是你的青春，你的体强力壮。你让座，你是开心的，因为你知道自己帮助了老人，这使你心地安然；而老人，因为你的分享，不必再承受站立之苦，年轻人都如此尊敬老人，他心底是幸福的。

分享是使人生更美好的魔法。一朵花，一片阳光，一杯清茶，本来都是不具有感情的单纯物质。而经历了与人分享的过程，就能在这些东西上附加许多情感，许多快乐。

因为分享的时候，你在学着给予，也在汲取着给予带来的快乐。

幸福多像香水啊，你洒在别人身上，自己身上又怎会不沾上几滴呢？

又像玫瑰，赠人玫瑰，手留余香。

当然，这分享你也要注意把握时机。

比如说某人正陷入悲伤之中，而你是快乐的，这时你就不能拉着她讲你的欢喜事。此时你应该倾听她的悲伤，能分担的就为她分担一些，倘若不能，耐心地听她述说也是一种好的抚慰了。

学会分享别人的心情，也就是学会了与人分享幸福。

8. 你不必为谁而活

打肿脸就能充胖子吗

你为谁而活？

你幸福吗？

我想，要弄清一个人是否幸福，首先要知道这个人是为谁而活。

为自己吗？

倘若这样说，兴许有人发出嗤笑了：自私的人才为自己而活。

为了他人？比如说，为了父母，为了孩子，或是另外一些其实不相干的人？

我敢打赌，为别人而活的人其实一点都不少。

在生活中，你一定经常听见这样的话："要不是为了我爸爸（妈妈），我早就……"或者"要不是为了……我肯定……"

如果说将女人的一生比作一盏灯，那这盏灯的前半生光热就都给了男人，后半生呢，都给了孩子。女人一生的故事都在那盏灯里，散发着或炽热或温暖的女性柔光，可惜，没有一点光热是女人留给自己的。

这样的女人当然也可以过一辈子，她当然也可以认为自己是幸福的，因为她心中最大的梦想就是丈夫和孩子健康安好，从这个角度上看，她的确是幸福的。倘若纵观她的一生，你发现，其实她活得卑微，长长一生那么多日夜，她从没有留过一天给自己，一辈子都像是一个傀儡。她甘愿被人操控，或者说，她甘愿操控自己为别人而活。多可怜！

倘若是为了生命中最重要的人而活，这算得上情有可原。可怕的是，还有不少人根本就是为不相干的人而活。

比如，有的人说她怕别人在背后说三道四，怕别人戳脊梁骨，怕别人……所以呢，她就很不情不愿但又很用力地去做了很多违背自己心愿的事，甚至是为了赚足面子而打肿脸充胖子。

这样的人，你怎么能说她是幸福的呢？

幸福的人首先应该对自己有恰当的自我认同。

什么是自我认同呢？

自我认同就是能够理智地看待并接受自己，能够精力充沛地面对生活，不会沉浸在悲叹、抱怨或悔恨的情绪之中，而且奋发向上，积极而独立。

一个能够自我认同的人，要有自己明确的人生目标。只有目标还不行，还要在追求和逐渐接近目标的过程中，体验到自我价值以及社会的承认与赞许。当然，从这种认同感中获得自信与自尊，但是不能一味地屈从于社会与他人的舆论。若是屈从于他人的眼光或流言蜚语，那你算是前功尽弃了。只能说，你到了最后还是未能为自己而活。

认识自我，无需他人的期望

要自我认同，就要把握自己，认清自己。

自我认识，这是每个人选择人生道路的最基本的衡量标准。

如果有谁用他人对自己的期望来要求自己，必然会凭空生出许多烦乱，甚至是遗憾。就像你驾车上路，有人说这里需要一个路障，于是你及时设置一个，又有人说那里还需要一个，还有那里，那里……你就一个接一个地不停设置。当你驾车上路的时候，你怎么跑得快呢？面对重重阻碍，你的幸福又从哪里说起？

所以，在面对别人的各种期望时，一定要谨慎，不可盲目地表示同意或否定。

首先你要知道你是为自己而活，你做每一件事都应听从自己心底深处的声音，用你的人生准则去立世处事；其次，你要了解自己，清楚哪些是自己想要的，哪些是你不想要而别人强加于你的；第三，你不想要的，不属于你的，请一定要推掉，不要犹豫不决，不要硬撑。

只有在真正认识自我之后，才不会被他人的期望而左右，才能使自己活得更快乐，才能更从容地面对人生中遇到的各种困难。

宋朝诗人范仲淹说："不以物喜，不以己悲。"无数人将此奉为人生信条。可是，你有没有想过，范仲淹为何会有如此感悟呢？这是因为他知道自己不会妥协于污浊不堪的封建势力。世俗中的谄媚、阿谀，各种声色利益诱惑，都乱不了他最初的心智。

追求高尚的"古仁人之心"的范仲淹，他了解最真实的自己，于是勇敢而坚决地摆脱达官显贵抛过来的各种肮脏的"期望"，即使当他遭受各种磨难时，也只有坚定，没有遗憾！他是为自己而活，为自己的心而活，他是幸福的！

能做自己，做好自己，这样的人都是幸福的。

任何时候你都要清楚，自我认识是实现个人理想的基础，而他人抛来的期望则是扰乱心智的谎言，你要扯下它，把它踩在脚下，莫要理睬！

正确的自我认识，使我们不再依附于他人的各种看法，更使我们坚定了信念。

当然，谁都不是单独地活在这世界，很多时候我们也没有办法不承受一些他人的期冀。如果是这样，又该怎么办？

认识自我，做出最适于自己的选择。

你能挑得动一百斤，就不要硬撑着去负担一百二十斤或者更多。

你喜欢四方形，就不要勉强自己去接受椭圆形或其他的什么形状。

对自己并不喜欢的事，没有谁会使出全身力气去做，自然也不能结出什么好滋味的果子。

一定要记住：你不能穷尽一生的光阴去寻求他人所期望的成功。

更要记住：你只能活一辈子。只要你敢委屈自己，后来的时光就敢让你后悔，并且要你永生不能回头。

看看那些成功的人吧，哪一个不是坚持做自己、追求自己想要的？有些人甚至可以称得上是偏执狂。不偏执不成活！

只要是为自己的心而活，你可以去做个优雅的偏执狂！

女心经：要快乐，要记住你只能活一辈子

我们只有一辈子，这一辈子也只有那么几十年光景，就像射箭一样，射出去，就再也收不回了。为了不留遗憾，开弓放箭之前，你万万要想好，要记住：

你只应为你的心而活。你只应听从你心深处的声音。不要太在意别人的眼光和看法，你只要为自己而活，做好自己，相信自己。你心满意足，你就是快乐的，幸福的。

要快乐，要记住你只能活一辈子。

这卷经是《女心经》，共1卷20节：

（1）人生最美好的光景，莫过于花好月圆人也圆。

（2）不要因为一个混蛋男人就放弃你对爱情的憧憬。

（3）常常和母亲聊天，你会少走许多弯路。

（4）在这个不完美的世界，母亲是最完美的。

（5）每个女人这一生最要好的朋友就是她的母亲。

（6）如果说这世界上还有一个男人对女人是永远不离不弃，爱她如生命，那这个男人一定是父亲，而那个女人则是女儿。

（7）在男人的生命中，影响他一生的有三个女人：母亲、妻子和女儿。

（8）在这个世界上，除爱情之外，亲情是能使你双脚坚强地站在大地上的力量。

（9）很多事情，我们常常是等到来不及的时候，才想起去做；很多人，我们常常是等到来不及的时候，才想起去爱。可惜，一切都已来不及。

（10）女人是需要闺密的，就像男人需要一些可以喝酒谈天的狐朋狗友一样。

（11）哪怕仅仅是为了逛街有个伴，女人也需要闺密。

（12）要一个女人开口赞美另一个女人，比登天还难。

（13）女人出门时若忘了化妆，最好的补救方法便是亮出你的微笑。

（14）微笑无需成本，却创造出许多价值。

（15）只要你感觉心满意足，那么你就是幸福的。

（16）你并非没有幸福，或许只是你没有发现幸福的眼睛，没有那颗感知幸福的、柔软的心。

（17）人生就是这样，有很多幸福就在你的身边，只看你能不能去发现，发现了能不能去珍惜。珍惜了，也许会幸福一生；错过了，也许就再也找不回来了。

（18）你确实不幸，你的不幸就在于不懂得珍惜。

（19）认识自我，做出最适于自己的行动。

（20）你不能穷尽一生的光阴，去寻求他人所期望的成功。

第五章 心灯篇

你是欢喜的，你是幸福的

灯下诗话：每个人都应有一盏可以照亮心灵的灯

十二月十五夜

（清）袁枚

沉沉更鼓急，渐渐人声绝。

吹灯窗更明，月照一天雪。

在夜晚，如果没有灯火，我们还能看清这个世界吗？

能。如果有明月，如果有漫天的星光，再或者，如果有铺天盖地的皑皑白雪，即使没有灯火，我们还是能看清这世界。

你还记得那些大雪纷飞的冬夜吗？房间里虽然熄了灯，但还是明亮一片。是的，那是雪光。

我们来看看袁枚的这首诗吧。诗题为《十二月十五夜》，这个时节往往会有大雪来临。可不是吗，你看，夜渐渐地深了，人们陆续入睡，这世界渐渐地静了，市井的喧闹声慢慢平息下来。或许偶尔会有几声犬吠，和着纷飞的雪飘来荡去，那是一种"鸟鸣山更幽"的美。

诗人吹灭油灯，也准备睡去了。但是，灯灭了，房间里却更加明亮。是皎洁的月光与皓洁的白雪相映照在窗上，才使得房间显得比吹灯前还要明亮。

这样的夜晚，实在是不需要点灯。皑皑白雪就是上帝为人们点亮的一盏明灯。

我们每一个人是否也应有一盏灯，即使在最黑的夜晚，即使在人生最难过的时候，也还是照亮眼前的路。对，是应该有那么一盏灯的。

这盏灯，是我们的心灯。

我们怎么可以没有一盏心灯呢？人生总有不如意的地方，总有明媚的阳光也照不到的地方。如果有一盏明亮的心灯，即使久居贫寒之地，仍然可以活得快乐充实。

　　点亮心灯其实不难，不需要花费多大力气，只需要一颗平和的心。

　　用心生活，用心来感受一切；爱自己，爱你遇见的每一个人，每一件事；时刻保持微笑，能在平淡的生活中发现乐趣，这样的你就是幸福的。

　　心灯是无形的，它藏在一个人的内心深处。点亮它，眼前就会是另一番天地，入眼的是绚烂的生命色彩。

　　为自己点亮一盏心灯，让心明亮而温暖，学会感受来自内心深处的温暖和希望。

1. 这些都是，你要知道的事

去看看男人在想什么

生活无非就是男人和女人之间的一场场较量。这较量可能是温柔的，也可能是粗暴的。

身为一个女人，你要爱自己，但是爱自己并非是一切都从自己的角度出发。有时了解别人，知道别人有着怎样的性情或心思，然后去妥帖地处理你们的关系，也是女人爱自己的一个重要表现。

当然，女人更需要处理的是和男人的关系。这很正常。人生在世，无非就是男人围着女人转，或者女人围着男人转，转来转去就成了美好的圆舞曲。

当然，舞步怎么走，这是个问题。

身为一个男人，让我带你去看看男人都在想什么，看他们想怎么走舞步。只有了解这些，知己知彼，你的幸福生活才能百战百胜。

做一个体贴男人的女人

体贴男人，这说起来轻巧，可做起来是需要技巧的。

什么样的女人才称得是体贴男人的女人？

让我告诉你吧：体谅一个男人，就是把他当成你的爱人、情人、哥哥、朋友、父亲、孩子。爱他，不要给他负担，给他自由，给自己自由。

比如说他和朋友出去喝酒、打牌，不要问他为什么不带你一块前往。男人都愿意做风筝，只要线还在你手里，那么就放他去飞吧。

为什么不呢？放过风筝的人都知道，线扯得越紧反而越放不起来，要松紧有致才好。

什么时候把他当爱人？男人说到底其实只不过是个大孩子，他们心底都住着一个儿童，有恋家的心理。你不用费着心思去跟踪他，你只需在家里留一盏灯，然后在灯下做你想做的事，等着他就好了，他会想家的。有时你越不催他回家，他反而跑回来得越快。

想想看，你小的时候，父母催促你回家，你是否很反感？因为他们催促的时候你往往玩得正得意。当你玩累了，肚子饿了，不用谁喊你自己就跑回去了。

这道理同样可以用在男人身上。

为什么说要把男人当情人呢？

想想看，你们在一起这么久了，最浪漫的瞬间是在哪个关系阶段？

恋爱的时候。

那时你还不是他的妻，他也不是你的夫，你们只是情侣，两个人都想着如何浪漫才能让恋情更生动。

走进婚姻后，就不需要浪漫了吗？不，平淡的婚姻生活更需要浪漫。而只有你还当对方是情人，才有心思去琢磨浪漫的味道。

还有，你会认为他是你的哥哥或父亲吗？当然，我这样说只是一种比喻。

哪个女人在面对哥哥或父亲的时候不心生依赖呢？有时还会耍赖撒娇呢。就算你的要求是无理取闹，只要你一撒娇，你的哥哥或父亲肯定也是没辙。所以，有时候不妨移花接木，把这一招儿用到你的丈夫身上。

男人都很喜欢女人对他撒娇，也很享受那份被依赖的感觉。那样他更会觉得这个家离不开他，他是强壮的，只有他在这个家才会存在下去。

为什么说要把他当朋友呢？

想想你和朋友是如何相处的？你肯定不会凡事都由着自己的性子吧？很多事情，你们是要慢慢商讨沟通的。如果把你的丈夫当朋友，凡事也都商讨沟通，谁都不许独断专行，哪里会有摆不平的困难？

而把男人当孩子，这话又说回来了，男人都是大孩子，他们也有依赖心理。只有你把他当孩子，你才会有耐心去包容他偶尔的耍赖。也只有把他当孩子，你才不会给他太多的负担。

这几种身份如果都拿捏好了，你就是一个懂得体贴男人的女人。你体贴他，他自然也会体贴你，两个人相互体贴地生活，怎会不幸福？

男人都是不想费神的懒虫

我说男人都是懒虫，你或许不肯相信，兴许要和我理论：为什么恋爱的时候他腿脚那么勤快、嘴巴那么甜？偏偏到了婚姻里就变成了没心没肺的懒虫？

其实，大多数男人的殷勤也只在恋爱时，当恋爱转化为婚姻，他就像一个披盔戴甲的将士回到故土，全身心都放松了，所以也就不肯动脑子了。

或许，你应该为他的放松感到高兴才是。你想想看，他是把和你在一起的地方当成了家，才会那样放松。

当然，他不再说甜言蜜语你也得原谅他。男人真的很懒，如果能坐着他就不站起来，就算有时有事要站起来，他们还是想着再磨蹭一会儿的。这心态放到讲情话上同样管用。

一个男人在步入婚姻后，当他讲肉麻兮兮的情话，往往是自己犯了错误之时，别的时候要他开口说什么山盟海誓简直比登天还难。他们总认为，都是老夫老妻了，讲那些话多别扭，甚至是疏远。

所以，你要原谅他的懒或笨，尽管他爱你，但是不想费尽心思讨好你。

陪他一起疯

前面说过，男人都是大孩子，所以，不管他外表有多强大，但是骨子里都还是很孩子气的。所以，他在任性的时候你不要动怒，就当他是个孩子，这样你才不会对他大喊大叫。

要想和一个孩子很好地打交道，就是站在孩子的高度陪他一起疯。

等他平静后轻轻地告诉他你很爱他。接下来呢，该处理的事，他当然会不遗余力地去办。

记得总是为他留一个台阶

男人都是不肯认错的，在他知道错的时候给他一个台阶下。他会知恩图报的。

尤其是在他的朋友面前，要给他十足的地位。面子对男人来说比什么都重要，不要介意在别人面前当个小女人，要知道小女人都是男人宠出来的。

时时处处为他留一个台阶，也是为自己留一个台阶，为你们的感情留一个台阶。太强硬的态度往往只会适得其反，到最后爱情碎婚姻破都说不定呢。

信任他，支持他

当你们已经相爱，那么就要对他信任，有什么想法就告诉他，不管他支持不支持。任何一个男子都希望他的女人依靠他。

你不要总是疑神疑鬼，就让他撒欢儿地跑去，看他能跑到哪儿去。

他要真是一匹野马，你是拦不住的；他要不是野马，有时你的堵截反而会激发他成为野马。

让他跑，跑不远他就会回来的。如果不回来也没关系，这样的男人留着也是害虫，丢掉他！

爱他大声地告诉他，不爱也一样

当你爱上一个男子，千万别去想自己是不是应该矜持一点。

暗恋是很不值钱的。

爱他就告诉他，有时候男人也很爱虚荣，你的表白会让他的自信达到顶点。

当然，如果生活一段时间后，你感觉彼此实在难以相处，你已经不爱他了，那么也用最直接的方式告诉他。别去考虑他会不会脆弱，男人的自尊远比伤痛重要。

不要动他的游戏机

他在打游戏的时候，不论你有多急的事情，也不要直接去关他的电脑。

想想看，如果你正在津津有味地看电视，谁要是突然关你的电视，你会如何？

所以，他玩游戏的时候，最好是搂着他，在他耳边轻轻的细语。因为男人对游戏的执迷胜过你看一部精彩的肥皂剧。

男人的那几天

你以为只有女人每个月有那么几天不舒服的日子吗？

男人每个月也有那几天，心情无故低落。甚至会发一些让你摸不着头脑的火。好吧，这个时候不要问他怎么了，只要陪在他身边。如果你心底实在不能平衡，就当他发神经好了。再过两天，你再看他，他一定又会回复到先前你所熟悉的那个样子。

在那几天，他发他的火，你做好你自己。过日子嘛，不要他动刀子你就端枪的，那不是好主意。

2. 男人眼里的好女人什么样

女人们聚在一起谈天时，常常会讨论：女人眼中的好男人是什么样的？

答案当然五花八门，毕竟萝卜青菜各有所爱。

男人聚在一起谈什么？当然也是谈异性——他们各自心中的好女人是什么样的。

和女人谈男人往往会在意身高之类的不同，男人其实并不太在意女人的容貌，更多程度上是倾向于女人心性的美好。

宽容，真正理解男人的缺点和过失

这一点，是大多男人都很看重的。

我曾听不少男人私下抱怨：女人总是唠唠叨叨，说的是不少，但说进男人心里的却没几句。归根结底是因为缺少宽容，不能真正理解男人。

其实，男人对于家庭和女人的重视程度远远超过女人的想象，他们总是习惯将自己的家庭和女人当作避风港和安乐窝。

所以他们希望这里能够完全地包容他们，不论什么时候都张开双臂迎接他们回来。

所以，女人一定要记得，接受他的每一种姿态，以宽容之心相待。你的宽容就是他走向成功的力量。

理解男人的孤独面

男人是十分害怕孤独的动物。

单身男人每天晚上出去喝一杯，或是到朋友家睡觉，并不是他们喜欢喝酒或是与朋友非常要好，真正原因是他们害怕独处。已婚男人有充分的理由相信自己不应该再感到孤独。

所以当男人失去自己女人的行踪或者她们晚归甚至不归时，他们便惶恐得不知所措。

聪慧的女人，她不但知道向男人要踏实和温暖，更懂得给男人以踏实和温暖。

既为夫妻就要相互温暖。幸福美好的婚姻不是某一个人撑起来的，而是两个人心心相印各出一双手托起来的。

给男人一家之主的名分

女人总喜欢在一家之主的问题上与男人争个短长，好像一家之主真的能够左右什么似的。其实男人要求的不过是一个名分而已，他们那么懒惰，怎么可能事事亲力亲为呢？

他要名分就给他名分，反正你是掌柜的。你一定也看过黑帮电影，看看那些真正做老大的有几个是要名分的，他们要的是能够暗中操控。掌握"生杀大权"才是王道，虚浮之名就给他去吧。你总不能把好事都占尽，对不对？

告诉男人，他有多重要

这一点很重要。男人需要深刻地体会到他的存在感。

或者这么说吧，男人并不排斥对自己的家庭和女人尽义务，如果他能够明确地知道他的家庭多需要他、他的妻子多爱他，便会义无反顾地为家庭和妻子牺牲一切。反之，如果男人对家庭和女人的感受没有把握，甚至产生多余的担心，他将表现得像个无赖。

在有关家庭和自己女人的事情上，男人都喜欢听到类似艾森豪威尔夫人那样的回答："生命带给女人的最伟大生涯，就是做个妻子。"

不要指望男人家里家外表里如一

女人经常抱怨男人家里家外判若两人：为什么他对外人总是那么彬彬有礼，对我却像个暴君？他为什么不能也对我好一点？

其实女人大可不必为此忧心忡忡。因为礼貌从来都只是社交的需要，而过分的客气对家庭有百害无一利。

当男人对女人表现得十分礼貌时，只能说明他对她已经丧失了爱意或者做了对不起她的事情。

想想看吧，你要什么？

不要在男人发怒时与他针锋相对

男人在社会上承受的压力和磨难是女人无从体验的，这种不良情绪很可能被他们带回家中。所以男人常常会无端地挑剔女人或对她们乱发脾气，当他们大发雷霆时他们并非真的对女人不满，不过是在发泄郁闷的心情。

男人最需要女人的理解和接受，需要女人承受相当大的委屈。

当然，换个角度想，这不是委屈，不过是为了婚姻幸福而采取的一个策略而已：避实就虚。

对，想收拾他不要在他暴怒之时，而是在他心气平和时"春雨润物细无声"地调教他。这个方法管用多了。你可以试试。

家中是非切勿随便乱讲

家丑不可外扬。

家中的是是非非本来就是说不清的事情，如果再加进外界的风言风语，男人的自尊心一定会彻底崩溃。到了那个时候，即使男人有心和解，也是骑虎难下。

假如女人真的希望解决问题，唯一的选择就是关起门来，慢慢商量。因为男人的家政原则是：不许外人干涉内政。

女人必须讲卫生，爱干净

看到这一点，或许有的女人会说了：臭男人自己都脏乎乎的，为什么还要求女人这样那样？女人即使一个月不洗澡，也比男人香得多！

话不是这样说的，道理也不是这样的。

尽管男人自己又懒又脏，却无法容忍一个不洗脸、不洗脚、面对混乱不堪的家无动于衷的女人。因为他们认为家庭和女人才是自己真正的脸面。

于我来说，我最见不得家中乱糟糟的，否则肯定会抓耳挠腮，看什么都不顺眼。就算我自己去收拾，心里也会很不舒服，忍不住想：为什么别人家的女人都那么整洁，偏偏你如此邋遢？

不要拿自己的男人和别人比较

如果你问我，对男人来说，什么时候最尴尬？我会毫不犹豫地告诉你：妻子拿他和别的男人比较，并且口气里夹带不屑的时候。

是的，在男人看来，女人的这种比较是对自己和家庭的严重背叛。

他们不可能善意地理解女人的初衷，只会主观地认为女人在挑剔他们表示不满。他们还会绝情地想，如果你不满意，为什么不马上离开？

所以，聪慧的女人都知道，你可以关起门来大声训斥他，但不要走出门去将他和别的男人放在一起作比较，哪怕你其实并无恶意。

3. 男人最希望你为他做三件事

男人也需要一些浪漫

浪漫对于女人来说是什么？

有的说，是女人哭泣时男人所给的温柔肩膀，还有手足无措地递过去的手帕。有的说，浪漫就是女人说想要星星的时候，男人平静而温柔地告诉她："我就是你的太阳！"还有人说，浪漫就是在教堂里，牧师问："你愿意一生一世，无论是富贵还是贫穷，都会爱她、保护她吗？"他深情地答道："我愿意！"

每个女人心中都有一种独属于自己的浪漫，当然，这浪漫是她和男人共有的。

那么，男人呢，他们可也需要浪漫？

当然，男人也需要浪漫。没有谁不为浪漫而感动，从而更忘情地投入去爱。

不过，男人所要的浪漫不同于女人。

你为他做些什么，他会觉得浪漫呢？

让他觉得你是因为他而美丽

还记得在许多年前，他送给你的那条项链吗？你不是很喜欢，所以戴了两三次就塞到抽屉的最底层了。现在，你可以把那条项链找出来，戴上，给他一个惊喜。

女人为悦己者容的关键在于：根据他的品位而非你自己的偏好来打扮自己。

所以，聪明的女人总是带着男人去购物，参考男人的意见，选择男人认为性感的物品。

男人是百分百的视觉动物，所以，当你的打扮符合他的想象时，他会觉得你非常美，而且也会觉得你非常浪漫——他们需要视觉享受。

我有一个朋友，他算是典型的帅哥，个子高大，容貌英俊，谦谦有礼。而他女朋友却有点不敢恭维了，顶多也只能算得上"出得厅堂"，可是，他却将她"宠上了天"。这个"宠上了天"是他母亲带着醋意说的。而那个普通的女子之所以有如此"魅惑男人"的功力其实倒也无他，是因为她穿什么总是先和男人沟通。男人品位不俗，自然乐意指点。于是一个"好为人师"，另一个就是"衣裳架子"，两厢搭配，日子调和得有滋有味。

看出来了吧，男人就是一种有着巨大虚荣心的动物，你想征服他不是迎头给他一鞭子，而是投其所好，为他而盛装打扮，让他觉得你是因为他而美丽，他就满足了。保准你让他往东他不往西。

这是在取悦他讨他欢心吗？这是智慧的你换了一种看似处处迎合的方式在经营生活调教男人，可谓是"明修栈道，暗渡陈仓"，迂回之策也。

经常抚摸他

看见抚摸你会想到什么？以为我在教你如何挑逗吗？

不，这不是在谈论性，也不是纯粹意义上的按摩。只是当你看见他时，习惯性或自然地抚摩着他，这会让他觉得非常放松。而且，这种温馨的举动无言地传递这样的信息："我爱你，我理解你，我想念你。"有时候，这种温情比性更能增进你们彼此之间的感情。

是的，就是这么神奇。你一定要相信。

当然，不要太刻意去做，哪怕你是怀着故意的心思，也要做出很随意的样子，轻轻抚摸。这样是不是难度很高？其实不然，这样做只是为了让男人感觉到，你时时刻刻都是需要他的。

更有一些时候，抚摩他的关键在于告诉他，你接受和爱他的身体，他的灵魂，他的一切。

女人，要学习让手指表达爱意。

说到这里，想必你已经明白，为什么有些女子在挑逗男人时，只是用了指尖若有若无地拂过男人，那男人就情不自禁心猿意马了……

柔弱无骨的纤纤玉指你没有么？当然有。既然有，记得要有效利用你的资源，温柔又狂野地抚弄男人心。

这不是在教你坏，只是在帮助你了解男人心，然后温柔地征服他。

给他完全自由的一天

你有没有想过时刻掌握他的行踪？就像你手中的地图，你随手一点："好，就是这里，你就在这里。"若是有了偏差，你就不愿意了。

也许，在你看来，没有你参与的事情，他也会认为浪漫，这是不可原谅的。不过，男人也需要独处的时间。许多已婚男人都特别怀念他们的单身生活，因为那时候他们就是独行侠啊，爱哪儿哪儿，多逍遥。

不仅如此，你的随时掌控还意味着你对他的不信任。

如果你可以让男人获得完全自由的一天，这不仅说明你们之间互相信任，而他也会对你的体贴有着感激之情。

是啊，谁不需要一些私人空间呢？谁愿意被人那么紧紧地拿捏呢？你愿意吗？

如果不愿意，那就记得一句话：己所不欲，勿施于人。

4. 这些都是你不必去相信的话

从小到大，我们总是会听到各种内容的名言警句。有些话流传甚广，并且不少人都深以为是。但那些流传广的话，并非就是正确的，有时相信它反而会毁掉你的幸福。

智慧的女人，你要有辨别是非的能力。对那些所谓的名言警句，你要有自己的看法，万万不可人云亦云。

姑且和你谈谈这些最常听到的话，让我们看看这些话到底是有用的还是含毒的。

男人不坏，女人不爱？

有些男人傻得很，故意把自己搞得吆五喝六、凶巴巴的，以为这样很有男人味，以为女人就爱这样的男人，真傻！

难道女人都是受虐狂吗？

其实，女人只是不喜欢那些刻板、笨拙、没有情趣的家伙。相对而言，"坏"的男人有意思一点。但这个"坏"应该是有特殊含义的，就是那种旧式电影里的女主角含羞转身，拿手指戳了一下男主角的脑袋："你这个人，真坏！"

真正的坏男人是很可怕的，聪明的女人很快就会嗅出气味，及时逃脱。而那种假坏，俗称"扮酷"的男人则很快会成为女人的"呕像"。

女人呢，你更要清醒，你没有受虐症，绝不要选择什么坏男人，让他们自以为是地坏去吧！

男人喜欢美丽笨女人？

谁说男人都喜欢胸大无脑的女人？真是瞎说！

想想看，当年的戴安娜王妃为了取悦查尔斯王子，保持苗条的身段，在吃下东西以后就开始呕吐，后来发展成为不可遏止的呕吐症。对此，查尔斯并没有心怀感激，相反，他厌恶地回忆："我的蜜月充满了呕吐的气息。"查尔斯跟戴安娜离婚的时候，戴安娜的三围是35-28-35(英寸)，被美容专家称为"魔鬼黄金比例"。可是那又如何呢？她只是一个身材完美的弃妇。

但是那个又老又不漂亮，却让查尔斯王子痴恋了几十年的卡米拉，连谴责她破坏皇室婚姻的熟人都不得不说："说句公道话，凡是熟悉卡米拉的人，无人不认为她是个让人喜爱的女人。她不但聪明，还很风趣。"她是宴会上的女王，文学、艺术、政治、经济，都能侃侃而谈。在私下里，她是热烈而放纵的情人。第一次同查尔斯见面的时候，她不像小女生那样羞怯问好，而是对查尔斯说："我曾外祖母是你曾祖父的情妇，你怎么看？"

戴安娜？戴安娜是个连补考都不及格的高中辍学生。

美丽是男人在女人身上很看重的东西，但是，爱情不是看海报，也不是一夜情。当美貌带来的吸引力淡去时，如果每天面对一个迟钝、笨拙的情人，生活怎不无聊乏味？

当然，那些需要在女人面前寻找自信心，或者拿美女来显身价的男人可能对美丽笨女人向往不已。可是，一个傻瓜的赞赏和崇拜又有什么值得骄傲呢？

男人不该让女人流泪？

男女之间的感情就像是在压跷跷板，相互把对方高高地翘起，而不是总赖着要某个人将另一方高高供着。

男人不是救世主，女人不是泥娃娃。在爱情中，包容、谅解是应该的，但无限制的、绝对的要求也是不合理的。只有"平等"，人与人之间才能产生健康、深沉的爱情。

男人和女人都是人，都会有各自的脾气和习惯，也各有优缺点。摩擦是不可避免的，一旦摩擦发生，应该调整的是男女双方，而不是男人一味地忍让和承担。女人的感情较男人脆弱，男人则大大咧咧一些，要男人完全照顾到女人的心思，巴尔扎克恰好有一比喻："好像要大猩猩去拉小提琴。"

小有摩擦，流点眼泪说点气话也没什么。女人多愁善感，稍稍流泪对女人来说是情感的宣泄，要一个女人不为爱情流泪，那才苦恼死她了。

如果这句话解释为"男人不能狠心地伤害女人"，那么还应该同时补一句："女人也不能狠心地伤害男人。"而这样，又等于什么都没说，还是歇了吧。

不求天长地久，但求曾经拥有？

第三者在刚成为第三者的时候经常这么说，但是后来大多数哭着喊着要"天长地久"。自欺欺人，有什么意思。

爱情中的独占欲是我们不可回避的本能，当你是进攻者的时候你忙于准备炮弹；等到爱情变老，你想到防守的时候，你多么渴望那座安全的"围城"啊。

另外一种情况是怕担责任，事先说好，只要现在，不提将来。

我有一位朋友，她前男友最让她受不了的就是总要明确"我们将来不一定结婚的"、"好像我一定要缠着他似的"，朋友终于恼火了，连"曾经拥有"都不要了。她前男友受此刺激，突然觉得离不开她，居然求婚了。而她，是头也不回了。

什么"不求天长地久，但求曾经拥有"？完全是睁着眼睛说瞎话。有谁能真的很大度地只要一夜情或多夜情，而不要一世情？谁会真的无偿地爱谁一辈子？

因为不了解而在一起，因为了解而分开？

这句"格言"好像流传很久了，理论依据是"距离产生美"，所谓"远看一朵花，近看一团麻"。

所以这一种爱情婚姻指导也随之兴起，说是在婚姻中夫妇双方也要保持神秘感，不要经常在对方面前暴露自己的身体。

我的一个朋友最近离婚了。在离婚之前，他的妻子就遵奉这样的教条，在她洗澡的时候，先生一定不能进去，如果不小心进去了，她就会大叫一声，用浴巾遮住身体，如遇流氓。朋友的评论是："用得着吗？她身上哪里我没见过？"

当然，据说心理上的了解更会导致厌倦和离开。

但是，我想问：了解一个人难道是那么容易的事情？几年的时间，你就了解了一个跟你很不同的异性并厌倦了他？德尔菲神庙里的箴言"认识你自己"教训千古，人连了解自己都那么困难，了解一个异性就那么容易？

因此，不要担心你们会因为了解而互相厌倦，然后分开。相反，只有建立在了解基础上的爱情才是深刻而持久的。在不断认识对方的过程中也认识了自己，那种快乐一定更深厚，更巨大。

我们分手是因为有缘无分？

缘分是佛教概念，很深奥，是因果的一种。现在拿来说爱情，其实意思很浅薄，就是说在千人万人中怎么就遇见了一个你。相遇相知相爱，太不容易了，可惜太多不可抗拒的因素让我们不得不分离，这是宿命的结局，不是我们的错，是命运的安排。

看似现代人说道理，其实和古代人排生辰八字没什么区别。

爱得痛苦，爱得不顺利，不反思自己的原因，倒去归咎于命运，说缘分不可捉摸，这就像小孩子被绊倒了，不说自己不当心，却去打凳子，骂它挡道。

现代社会，爱情婚姻自主，有法律保护。除了疾病、灾难等极少见的情况，一般来说爱情婚姻的失败都跟双方的性格有关。

如果是性格、生活习惯合不来，在不可改变的情况下，理性地分手也是个办法。如果是缺乏成熟的心灵，缺乏爱的艺术，那就要赶快弥补。不好的爱情都是有原因的，找出真正的原因才是正道，而不是怨天尤人，推说命运和缘分。

心灯幸福经：没有什么能够阻挡，你对幸福的向往

人活着，不过是为了追求幸福。

但是，一个人幸福与否，很多时候和别人是否给了很多爱并无太大关系，重要的是自己的心。凡所有相皆由心生，你认为自己是幸福的，你就是幸福的。这并非是阿Q精神胜利法，而是对待人生的一种积极的态度。

孔子说："一箪食，一瓢饮，在陋巷，人不堪其忧，回也不改其乐。贤哉回也！"这是因为颜回很有阿Q精神吗？不是，是颜回懂得幸福不是别人给的，而是自己的心赐予的。你可以认为这是自娱自乐，但每个向往幸福的人或许都应有自娱自乐的智慧。

当然，单单有自娱自乐的智慧还不够，任何一个人都要善于审视己身，发现自己的不足，并善待不足。如何善待？正视它，拿起修身的橡皮擦去它，再拿起修德修智的笔自我完善。

当你足够出色，你知道你是好的，你也能"在陋巷，人不堪其忧"而"不改其乐"，你也能感到幸福。

这一卷《心灯幸福经》，是你一路修炼下来的果实，当你阅读到这儿，你的心是清澈高远的，你是优雅、智慧、懂得爱自己的女人，你知道你是幸福的，幸福一生与你同在。

《心灯幸福经》共1卷23节：

（1）每个人都应有一盏可以照亮心灵的灯。

（2）用心生活，爱自己，爱这世界。保持微笑。

（3）漫漫人生路，为自己点亮一盏心灯，让心明亮而温暖，学会感受来自内心深处的温暖和希望。

（4）男人真的很懒，如果能坐着他就绝不站起来。

（5）男人都是不肯认错的，在他知道错的时候给他一个台阶下。

（6）面子对男子来说比什么都重要，不要介意在人前当个小女人，要

知道小女人都是男人宠出来的。

（7）如果你已经不爱他了，那么请用最直接的方式告诉他。别去考虑他会不会脆弱，男人的自尊远比伤痛重要。

（8）过日子嘛，不要他动刀子你就端枪的，那不是好主意。

（9）男人对于家庭和女人的重视程度远远超过女人的想象，他们总是习惯将家庭和女人当作避风港和安乐窝。

（10）单身男人每天晚上出去喝一杯，或是到朋友家睡觉，并不是他们喜欢喝酒或是与朋友非常要好，真正的原因是他们害怕一个人独处。

（11）当男人失去自己的女人的行踪或者她们晚归甚至不归时，他们便惶恐得不知所措。

（12）聪慧的女人，她不但知道向男人要踏实和温暖的感觉，更懂得给男人以踏实和温暖。

（13）幸福美好的婚姻不是某一个人撑起来的，而是两个人心心相印各出一双手托起来的。

（14）生命带给女人的最伟大生涯，就是做个妻子。

（15）当男人对女人表现得十分礼貌时，只能说明他对她已经丧失了爱意或者做了对不起她的事情。

（16）尽管男人自己又懒又脏，却无法容忍一个不洗脸、不洗脚、面对混乱不堪的家而无动于衷的女人。因为他们认为家庭和女人才是自己真正的脸面。

（17）在男人看来，女人拿自己的男人和家庭与别人比较是对男人和家庭的严重背叛。

（18）男人是百分百的视觉动物，所以，当你的打扮符合他的想象时，他会觉得你非常美，而且也会觉得你非常浪漫——他们需要视觉享受。

（19）谁不需要一些私人空间呢？谁愿意被人那么紧紧地拿捏呢？你愿意吗？如果不愿意，那就记得一句话：己所不欲，勿施于人。

（20）那些需要在女人面前寻找自信心，或者拿美女来显身价的男人可能对美丽笨女人向往不已。可是，一个傻瓜的赞赏和崇拜又有什么值得

197

骄傲呢？

（21）男女之间的感情就像是在压跷跷板，相互把对方高高地翘起，而不是总赖着要某个人将另一方高高供着。

（22）爱得痛苦，爱得不顺利，不反思自己的原因，倒去归咎于命运，说缘分不可捉摸，这就像小孩子被绊倒了，不说自己不当心，却去打凳子，骂它挡道。

（23）每个向往幸福的人或许都应有自娱自乐的智慧。